まんがでわかる

ホイラーの法則

Don't sell the steak—sell the sizzle!

就活中の女子大生がさびれた商店街を復活させたコツ！

原案◉エルマー・ホイラー
脚色◉藤山勇司
作画◉麻生はじめ

ビジネス社

＜主な登場人物＞

里中和美
主人公
美大学生
商業デザイン科
里中徹治
和美の父親
パン焼き職人
エルマー・ホイラー
『ホイラーの法則』
の提唱者
1968年死去
山ノ内 豊
コンサルタント会社
人事部長
喫茶『ラメール』の
マスター
南 幹太
和美の幼なじみ
小児科医師
安田拓也
和美の幼なじみ
学習塾講師
山口俊夫
美大学生
彫金科
清水拓郎
美大講師
ベンチャー企業経営

大手コンサルタント会社
企業経営面接―
夢のため、未来のため
就活にあえぐ学生は
面接テクニックの鎧をまとい
企業からの容赦ない質問に
冷や汗をかいて臨む…
その姿は過去のあなた
だろうか…
それとも現在の境遇⁉

…では里中さんに質問です
コンサルタントに求められるものは何だと考えますか
はい…クライアントにはない視点を持つことで
変革をリードしていくことだと思います
企業の問題点を明確にし足りない部分をどのように補っていくかの方針を立て
最終的な成功に至るまでクライアントを支える推進力ではないでしょうか
うむ…あなたの実家はパン屋ということだが
経営の方はどうなんですか？
あッはい…
それは…正直よくありません

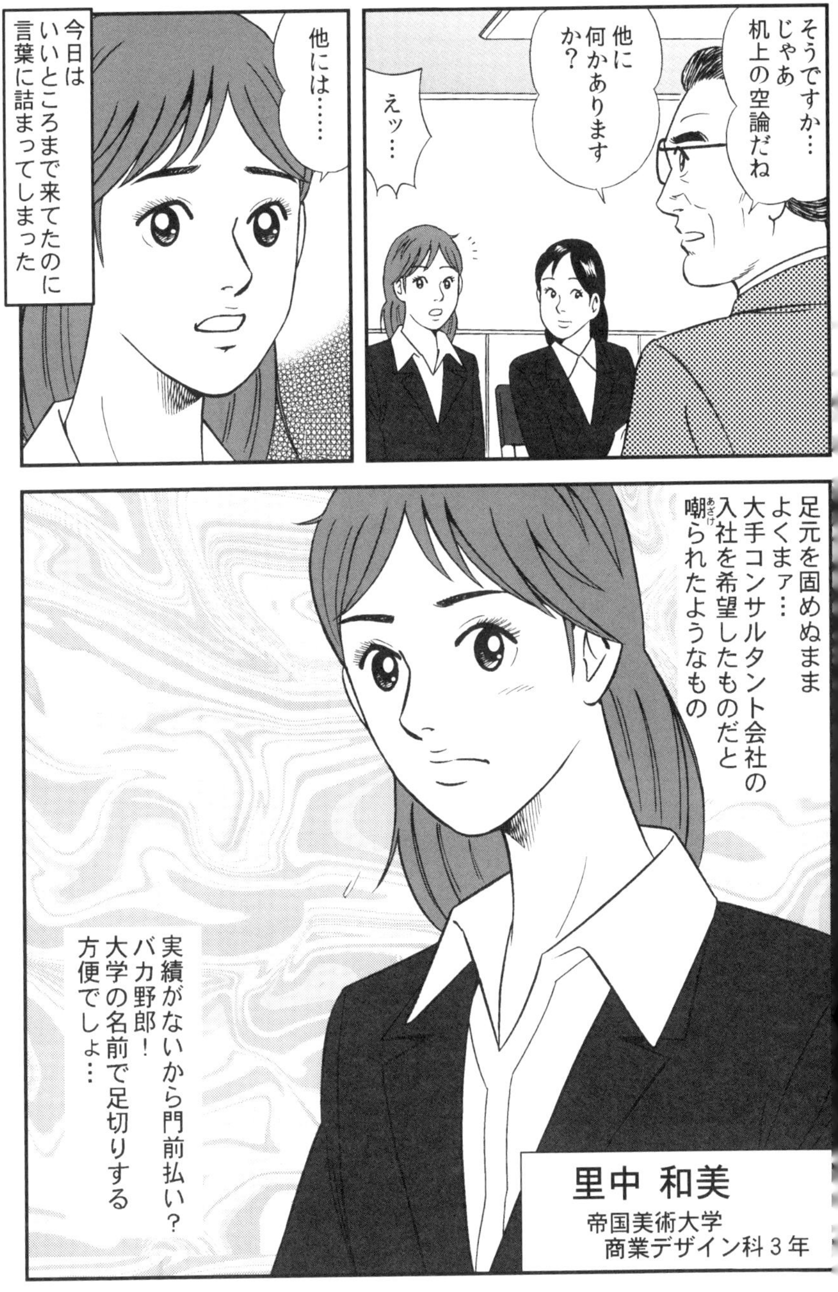
そうですか…
じゃあ
机上の空論だね
他に
何かありますか?
えッ…
他には……
今日は
いいところまで来てたのに
言葉に詰まってしまった
足元を固めぬまま
よくまァ…
大手コンサルタント会社の
入社を希望したものだと
嘲《あざけ》られたようなもの
実績がないから門前払い?
バカ野郎!
大学の名前で足切りする
方便でしょ…
里中 和美
帝国美術大学
商業デザイン科3年

そう思いながらも
勝気が服を着て歩いている
ような私はつい、口が滑った
じゃあ…
グッ
実家のパン屋を
立て直します
今年中に
立て直して
みせます!
立て直し…
誰がです?
私です!!

ハハ…
まったく
和美ちゃん
らしいな
COFFEE ラメール
「立て直す」って
企業面接で
タンカをきった
わけだ！
もう…
私の悪い
クセね
今
思い出しても
背中に嫌な汗が
流れちゃう
でも
その面接官から
レポート提出の課題を
もらえたってことは
まだ不採用と
決まったわけじゃ
ないよね
これからの
ガンバリ次第で
採用ってことも
まあ
そうだけど
相手は
身分不相応な大手の
コンサルタント会社…
何をやっても
ムダに思えるけど

冬からの就職活動も
連戦連敗の渦中にある
私にとっては
ダメもとで履歴書を送った
大手コンサルタント会社…
平成2×年 ×月31日現在
履歴書
りがな さとなか かずみ
名
里中和美
×年 9月 21日生（満21歳）
-5678
千代田区神田神保町×丁目
いつもは書類選考で
落ちるのに
夢か幻か面接を受ける
チャンスに恵まれた
そこで
担当者にボロクソに
言われて
立て直して
みせます!!
「実家のパン屋を
立て直す」なんて
宣言してしまった
入社の一里塚である
課題をもらったのは
この一社だけ…
まだ不採用と
決まったわけじゃ
ないか
…そうね
ガンバって
食らいつくか…
…でも
どうやって
パン屋を立て直せば
いいのかな?

うーむ…母さんならどうしたのかしらねェ…
臨死体験
ホイラーの法則
ステーキを売るなシズルを売れ!
エレガントな宇宙
うん?何ッ この古本…変なタイトルなの
新装版
Don't sell the steak sell the sizzle!
ホイラーの法則
ステーキを売るな シズルを売れ!
Elmer Wheeler E・ホイラー 著
ビジネス社
ああ…それかい その昔、営業マンの必読書だったものだ
知り合いのお客がおいていった…
よかったらあげるけど
ふーん…著者はエルマー・ホイラー
だから『ホイラーの法則』か…

【エルマー・ホイラー】

２０世紀半ばに活躍した営業講師、コンサルタント。
新聞の広告業界を経て、ホイラーワードラボラトリーを設立し１０万５０００ものセールス・トークを分析、１９００万人に検証した結果からいわゆる「ホイラーの５つの法則」を発見してメイシーズなどの大手百貨店、ホテルチェーン、石油会社など幅広い業種の顧客の売り上げ向上に貢献した。

『ホイラーの法則』

１９３７年に出版され、効果的なセールスについて体系的に解説した本として全米初のベストセラーになった。
広告手段にネットが主流になりつつある現代でも営業教育書の草分けとして世界中のセールスマン、マーケターに愛読されている。

日本でも私の本は、営業マンの必読書として多くの人に読まれてきましたよ。

『ホイラーの法則』――

（マーケティング、販売のノウハウのこと。第１条から第５条まである）

第１条：「ステーキを売るな、シズルを売れ」

第２条：「手紙を書くな、電報を打て」

第３条：「花を添えて言え」

第４条：「もしもと聞くな、どちらと聞け」

第５条：「吠え声に気をつけよ」

※５つの法則の内容については、最後の「解説」をご参照ください。

近所のなじみの喫茶店で手に取った一冊の古本…『ホイラーの法則』
マーケティング販売のノウハウか…
このビジネス書がこれから和美が進む道の智恵となった

堂書店
東京神保町──
BAKERY バイエルン
YAMAGI
古本街の大通りから一本入った通りに和美の実家のパン屋「バイエルン」があった
BAKERY
BAKE
父さん今夜も出かけちゃってる
またどこかで飲んでるんだろうな
チャ…
タッ
オレンジ100%
プスッ
母さんが生きてたら
こうはならなかったのになア…

母親の有紀は和美が小学5年生の時に他界した
おい有紀 死ぬな!
おい有紀
ツー…
ご臨終です
進行の早いガンで為すすべはなかった
……
う…
く…くうッ
里中徹《てつ》治《はる》
和美の父
パン屋「バイエルン」経営
うわ～ッ
妻の死後
パン作り職人であった父・徹治はすっかりパン作りに興味をなくしてしまった

父・徹治と結婚するまで
コンサルタントだった
母・有紀は
培ったスキルを生かし
駅前に商業ビルを建設して
いた
スポーツ
JOY SPORTS
小杉ビル
yamasita
MARINE
美容室
生活費は
そのテナント収入で
賄えるようになって
いた
yamasita
父は母の死後
パン屋を閉めることもせず
大手パンメーカーから
商品を卸してもらって
細々と商売を続けていた
バイエルンさん
おはよう
ございます
BAKERY バイエルン
注文の品
確認
お願いします
はい
サンドイッチと
ジュースね
420円
です
BAYERN
ただ
パン焼き器は2ヶ月に一度
火を入れられ
きちっとメンテナンス
されていた

パン屋をどうやって立て直すのか頭をめぐらせた
パン釜は健在… 焼こうと思えばすぐにでもかかれるけど…
ツン ツン…
けど… お客さんが来ないことにはうーん…
はーッ どうしよ…
ただ やる気をなくした父親と常連客のいないパン屋を
短期間に立て直す道筋はいかにしても見つからない
そういえばこの本もらってきたんだ
Don't sell the steak
ホイラーの法則
ーキを売るな
ルを売れ!
E・ホイラー 著
販売のノウハウが書かれてるってことだけど
…なんだ
このシズルって日本語じゃなかったのね

「シズル」とはステーキを焼く時のジュージューというあの音のこと
これは食欲や購買意欲を刺激するものを指していてセールスでいうなら売り込みの最大セールスポイントのことである
つまりステーキを売りたいのならまず「匂い」や「音」で客の五感に訴えることが重要だというのだ
ジュー
ジュー…
ジュー
ジュー…
なるほど お客がそれを買いたくなる大きな理由 それが「シズル」…
そういえばスーパーの試食も同じかも… あれ シズルを売ってるんだ！
ホイラーの法則
ステーキを売るな シズルを売れ！
E・ホイラー
和美は1937年アメリカで出版され20年前に日本で翻訳されたこのビジネス書に魅了されていく
これッ
『ホイラーの法則』
「ステーキを売るな、シズルを売れ」
第2条：「手紙を書くな、電報を打て」
第3条：「花を添えて言え」
第4条：「もしもと聞くな、どちらと聞け」
第5条：「吠え声に気をつけよ」
「ホイラーの法則」って
案外 立て直しに 応用できるかも
どうぞどうぞ、私の5つの法則お役に立ててくださいよ！

だけど
問題は父さん…
家業に意欲をなくし
改革の「か」の字もない
プルルルル…
させて…
プルルルル…
うん？
「山ちゃん」から
はい…
和美です
えッ
そうですか
すぐ行きます
どうも
お世話かけます
相手は
父親行きつけの
小料理屋「山ちゃん」
の大将だった
徹治が
正体不明になるまで
飲み、寝入ったとのこと
もう父さんたら
迷惑なんだから
和美はすぐに
「山ちゃん」に
向かった

北澤工業
ただ
あの大きな父親を
家に運ぶとなると
女一人では荷が重い
…そういう
わけなの
拓也こんな時間
に悪いんだけど
ちょっと
手伝って！
スナック
ああ
幹太…
今、大丈夫？
じゃあ
「山ちゃん」に
来て
和美は
近所に住む、幼なじみ
の2人に連絡を取り
応援を頼んだ
その小料理屋
「山ちゃん」は
バイエルンから歩いて
10数分の場所にあった
小山田ビル
SASAK
山ちゃん
小料理屋
山ちゃ
ガラガラ
こんばんは

ハハ…今日はオレのおごりだ
二人ともまあ飲めよ!
あ…じゃあ遠慮なくいただきます
もう父さん…
酔ってつぶれたんじゃないの!?
おッ和美か
ハハ…ちょっと横になってただけだ
お前もこっちに来て一杯やらんか
よおッ
和美ちゃんすまないね
でももう飲まさない方がいいよ
あ…はい
正体不明だっていうからわざわざ二人に出てきてもらったのよ
オレがつぶれる?馬鹿言うなよ
いいよいいよ和美ちゃんオレ達ヒマだったし

いやァ…
うちも
よくないよォ
いつしか酔った4人は
誰からともなく
今の状況をぼやく
和美っちは
まだテナント料
が入って
いいけどさァ…
そう
こちらは
もう大変…
幼なじみの二人は
今後の家業の先行きに
不安を見せる
オレ去年
大学病院でいろいろ
あって、親元の病院に
戻ったろ
ところが
小児科は文字通り
少子化で患者を
集められない
親父が
もう病院閉めよう
かって言いだして
そうなると
どこかの病院に
職をさがさないと
いけないかも…
南 幹太
小児科医師
父親の開業医院で働く
うちも同じさ
大手学習塾と
少子化の大波が
押し寄せ
塾経営はにっちも
さっちも行かないよ!
ビル建てるのに
ずいぶん借金したから
これ以上、生徒数が
減ることになれば
人手に渡さなくちゃ
ならない
もう
頭の痛いところ
だよ!
安田拓也
学習塾講師
学習塾を経営する家の息子

不況をどうとらえるかが
肝心だよ!

そうかァ… 皆も 大変なんだなァ
うちのパン屋も 人通りの多い 場所なのに なぜか売上げが 伸びないんだよ
あれ…父さん 経営のこと 少しは気にしてんだ
大将 お会計…
ガラ
毎度 ありがとう ございます
ダッ
あれッ もう終わり？
大将 まだ 11時半だぜ
いや いていいよ
俺も混ざって 一緒に飲もうと 思ってさ

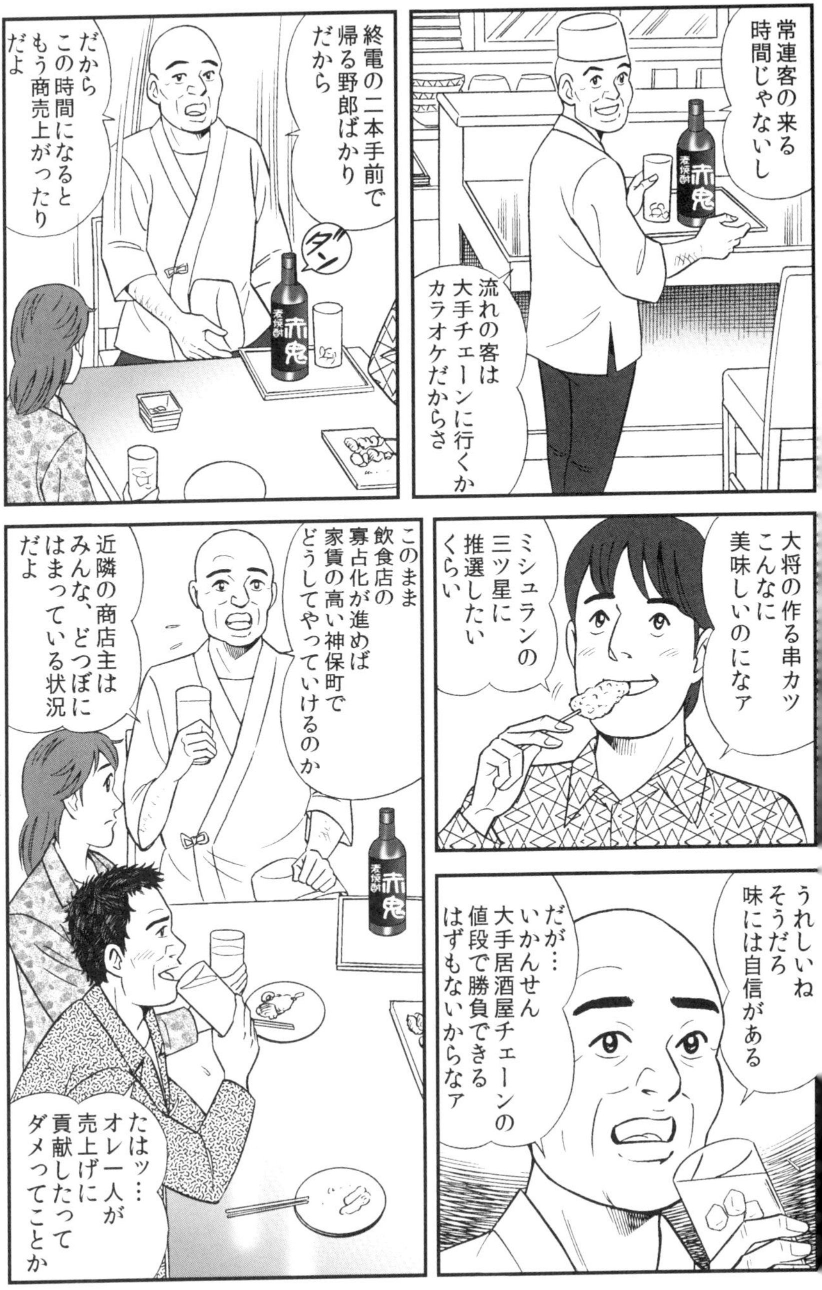

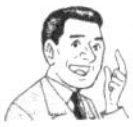
ピンチはチャンス！
そう考えてはどうかな…

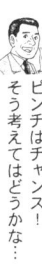

ガララ・・
大将まだやってる?
あらッ
宮下クンじゃない
おうッ宮下か!!
なんだ里中に安田もか
二人とも久しぶりだなァ
宮下秀樹
和美の幼なじみ
大工職人
そうよ6年ぶりじゃない
中学卒業と同時に大工修業で神保町を離れちゃったものね
いま俺オヤジの後を継いで大工やってるんだけどこの不況でさァ…
いい仕事すっからさ何か仕事くんないリフォームでもいいから
あらら今日はぼやきのオンパレードね
ハハ…まったくだ
大工の宮下もまた大手の下請け仕事にすがるしかなく先行きを悲観していた

ジリリリ…
BAKERY バイエルン
ふあ〜ッ
九時半か
よく寝たなア
少しまだ頭が痛い…
ちょっと飲み過ぎたか
それとも悲観的な話ばかりで気が重くなったのかな…
でも陽はまた昇るだね
新しい一日元気で行きましょう!
BAKERY バイエルン
ガラガラ
YAM

COFFEE ラメール
カラン
コロン…
お早う マスター
よう 和美ちゃん
今日は ずいぶん 早いんだねェ
まあね
午前の授業 お休みだから…
へえー ぽつぽつだけど もう お客さんが 入ってる
よく考えると これって スゴイことよね
こんな朝早くから お客さんを 集められるなんて

マスターモーニングお願いね
あいよ
最近考えることが多過ぎてお腹、すぐにへっちゃうのよね
実績がないとダメだっていう例の課題の件だね
そう美大じゃどこも採ってくれるところないもん
デザイン賞を取ったわけでもないし
実家のパン屋を立て直して実績をつくらないとダメなんだよね
でもふざけてるよあのコンサル会社…学生に実績求める方がどうかしてる
はなから学校の名前で足切りしてくれた方がすっきりするのにね
ホイラーの本にはそんな風に書いてあったの？
えッ⁉

ハハ…
いや、ごめん
あの本は
読んだのかい？
うん
最初の30ページ
くらいまでは
読み進めたかな
「シズル」が何かって
ことぐらいは
頭に入れたけど
ほう…
それは早速だね
…で
感想は？
どう応用すれば
いいのか
わからないけど
でも
言ってることは
なるほどって
思った
そうかい
それなら
あげた甲斐が
あったな
何か参考になれば
いいんだけどね
うん…
父さんの焼きたての
パン
また多くの人達に
食べてもらいたい
そのためのヒントに
したいと思ってる！

「バイエルン」の焼きたてのパンか…
和美ちゃんのお母さんがまだ元気だった頃は
うちも今の既成パンじゃなくて「バイエルン」の焼きたてのパンを仕入れていたんだよ
へえーそうだったの
知らなかった…
あの頃の父さんスゴくこだわりを持って作っていたって聞いたけど…
そうだよ「パン作りの、かなめは酵母での発酵と熟成を正確にコントロールできるかだ」って、いつも研究熱心でねェ
だから徹治クンの作るパンは膨らみ・香り・味に至るまで絶品だったな！
ふーん評判良かったって聞いてたけど
今じゃあの通りだけど
そうだ、ついでにご両親のなれそめのエピソードを聞かせてあげよう
これもパンにまつわる話だがね
うんうん聞きたい!! 父さん、何も話さないから

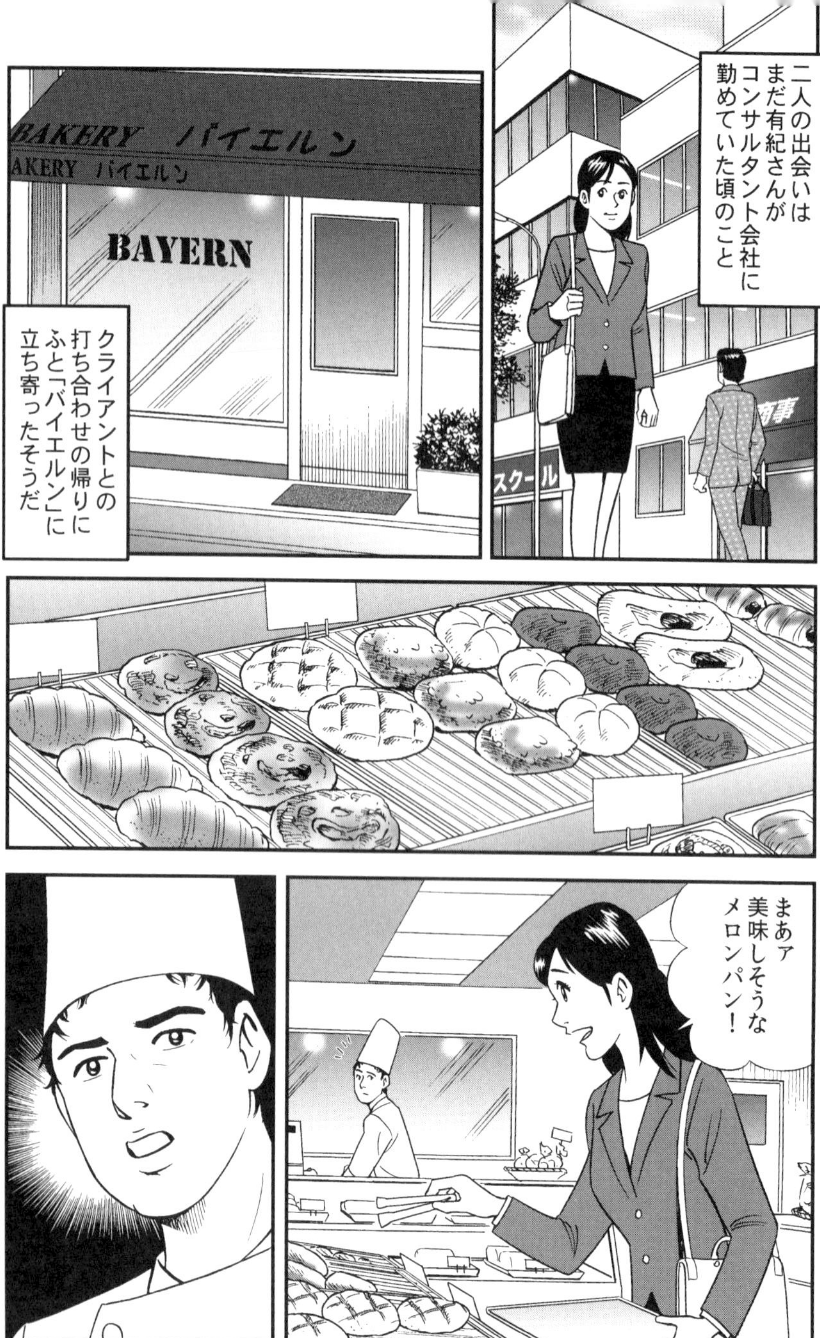
二人の出会いはまだ有紀さんがコンサルタント会社に勤めていた頃のこと
BAKERY バイエルン
BAKERY バイエルン
BAYERN
スクール
商事
クライアントとの打ち合わせの帰りにふと「バイエルン」に立ち寄ったそうだ
まあァ美味しそうなメロンパン！

これを
いただけますか
ジーーッ
あ
あのォ
私の顔に何かついてます？
えッ…ああ
すいません
クロワッサンもおいしいから
ひとつサービスしておきますね
BAKERY BAYERN
まア
いいんですか
ありがとうございます
有紀さんはそのクライアントの仕事帰りには、いつも「バイエルン」に立ち寄りパンを買った
KERY
RY バイエ
BA
わたし今までこんな美味しいメロンパン食べたことなかったわ
いやア
うれしいな
何か秘訣でもあるんですか？
うちのはレモンの皮をすりおろして混ぜてあるんです
BAKERY BAYERN

こうして二人は話をする間柄になったのだが
有紀さんのクライアント先が変わって「バイエルン」に顔を出さなくなったんだ
山田商事
ピタッ
彼女どうしたのかな?
よしッ
BAKERY BAYERN
彼女会いたさに彼女の会社まで焼きたてのメロンパンを抱えて、訪ねていったんだ
まあァわざわざこれを…
そろそろうちのメロンパン食べたくなる頃かなと思ったので
そうなのもっちりとろける感じに、はまってまた食べたいなァって!

アクションは現状打破の妙薬、「花を添えて」だね。

あ…じゃあお金払いますね
いや…ボクからのプレゼントです
いつもいつも誉めていただいたお礼です
それから徹治クンはメロンパンを平日の午後有紀さんに届けることになった
しかし、もう一人有紀さんにアタックしている恋敵がいたんだ
ある日会社の近くでその恋敵とはち合わせ…
二人は軽く自己紹介をして別れたが
まあ里中さん
彼は同じ会社の有能なコンサルタント
将来を嘱望された東大卒のエリートだった

この勝負は
その恋敵にあったと
思われたんだが
ブロロ
BAKERY BAYERN
メロンパン配達の
攻勢(?)で、徹治クンに
軍配は上がった
そして
半年後
めでたく
ゴールイン♡
そして
和美ちゃん！
君が生まれたと
いうわけだ
うわァ
父さん
やる〜ッ
メロンパンが
とり持つ
ロマンスって
わけね
へぇ〜ッ
あの焼きたてのパン
また食べてみたい
なァ
うん、そうね
今度父さんに
言ってみる！
マスター
コーヒー
おかわり
はいよ

ところでマスター
「喫茶ラメール」の経営状況ってどうなの？
ハハ…何だい急に
まあ…
ボチボチってところかな
近所にドトールとか安売りの店が、いろいろできたわりには
相変わらず和美ちゃんみたいになじみ客が来てくれるし
味だってそれほど変わらないのにねェ
いやいやそれは謙遜でしょ
マスターのいれるコーヒーすごく美味しいもん！
そうかいうれしいね
まあありがたいことだよなァ
こうしてつぶれず商売できるんだから
はいできたよオリジナルモーニング

わあァ
待ってました
厚切りのパンにとろけたバターが載せられ
いい匂いがするなじみの味ぐるぐる鳴っていたお腹が機嫌を直した
でもうちだってもう少し客を増やしたい
孫たちも大きくなっていろいろ金がかかるようになったし
何かいいアイデアない？
ただ乗りするようで気が引けるけど
バイエルン立て直し策のついでに、さ
うちのも頼むよ和美先生！
先生と呼ばれちゃしょうがないわね
おいしいモーニング食べたらいいアイデア出てきそうよ！

南青山―
帝都美術大学
明治から続く芸術大学である和美は商業デザインを専攻していた
シャーール
チャ…
色彩学
えー現代の定義として「色」というものは
「光を介した一種の感覚である」とされている…
和美は講義に出ていながらさっそく「喫茶ラメール」の改革策を練ることにした

Sizzle
喫茶「ラメール」
常連客をもっと増やすには？
もっと増やすには？
トントン
トン…
もっと増やすには？
常連客
これはうちの「バイエルン」にも言えること——
常連客を増やすことこそパン屋を再開する有力な証拠となるホイラーの第3の法則「花を添えて言え」だ！
まず…「喫茶ラメール」に来るお客は
なぜ「ドトール」よりも高いと知りながらコーヒーを飲みに来るのかな？
そこに「カギ」があるはず
あの店に行けばいい事があるそれは何だろう？
おそらくマスターも気づいていないもしかすると常連客もそう…
FEE ラメール
いつものクセで通う人間もいるきっとこれまでの自分も同じだ
自分…そ…そうだ
現状分析こそ、改革案の第一歩だよ。

ど…どうしたの
里中さん!?
急に
声出して?
えッ…あ
ひゃア
恥ずかしい
授業中
だったよ!
補色効果
…このように
補色は色相差が
最も大きいので
お互いの色を
目立たせる
効果が…
そうよ
「ラメール」に通い
続けている自分を深く
掘り下げることで
「カギ」は見つかる
なぜ
私は「喫茶ラメール」に
通うのか
うん!
あと少しですよ。
そうね…
マスターが立てる
美味しいコーヒーを
ゆったりとした空間で
楽しめること
のんびりした店内
談笑してくつろぐお客さん
のどかな過去に戻った
そんな感じが心地よい!
—これが
私が通いたくなる
理由
そうよ
通いたくなる理由
つまり「シズル」を
もっと友好的に
アピールすれば
いいんだわ!

そして、その価値を
短い言葉で、表現
すればよい
Sizzle
喫茶
「ラメール」
常連客をもっと増やすには?
常連客
シズルの
その①
モーニングの改革
そう
ホイラーの第2の法則
「手紙を書くな、電報を
打て」だ!
ツンツ…ツ
考え事に夢中になると
いつものクセが出る
〝左耳たぶを触る〟のだ
絵が好きだった子供の頃から
デザインのアイデアを
探す時の、おまじないのような
ものだ

シズルを短いフレーズでまとめましょ
それが好意的な注目なら、なおいいですよ。

「喫茶ラメール」のトーストって大手メーカーのパンだから味は変わらない…
でもお客さんはそんなことは知らない
よしッ シズルの その②
見栄《みば》えあるトースト
焼きたてのパン あそこで焼いたパン あそこじゃないと食べられないパンって思えるパン…
もしくは、カップやお皿にこだわる… でもこれは高くつくからダメ！
やっぱりパンか…
じゃあ パンに特徴をつける…
あッ どこかで見たな パンの焦げ目でモナリザを模した作品…

「トーストアート」って言うんだっけ…
あれはどうやってたんだっけ？
確かアルミホイルを被せて焦げない面を作ったんだ
あれを応用すれば…うん！これッいけるよ！
トーストにステンレスの切り絵をのせて焼けばどうかな…
そこには店を特徴づけるメッセージを添える
「ラメール」ってフランス語よね「海」って意味か…
じゃあデザインは魚とかヨットなんかにしたら楽しいかな…
じゃあ、シズルその③はポップでアートな感じで
そうよアート…芸術よ
アート
芸術
そうだ芸術で花を添える！
〝耳たぶ触り〟のおまじないがきいたのかアイデアがわき出てくる…

うん
こんなところ
かな
シャカ
シャカ
カ…
デザイン画を持って
美大生仲間が
たむろしている
サークル室に向かった
ねェ
ちょっと協力
して欲しいんだ
けど
おう里中
何だ？
山口俊夫
彫金科
学内サークル仲間
知り合いの
喫茶店なんだけど
事情を説明して
協力者を募ろう
と思った
美味しいコーヒーと
バターいっぱいの
厚切りトースト
これでよければ
お礼はできる
おお
いいねェ
面白そうだ
やってやるよ

さっそく次の日
〝芸術モーニング〟のアイデアを
マスターに提案した
うん これいいね！
アートかァ…
モーニング改革 アートでいこう！
でしょう！
数日して
「喫茶ラメール」の
新しい看板が
かかげられた
COFFEE
LAMER
これは美大仲間
彫金科の山口が
制作
またモーニングの
厚切りトーストには
いろいろなデザインの
マリンアートが焼かれて
客の目も楽しませた
そして店内の壁には
油絵科の学生が描いた
絵画が展示されて
さながら画廊の趣を
添えていた

かくして
新生「喫茶ラメール」は
珈琲と芸術のミックスが
功を奏して
新規の客も掘り起こした

絵画を展示した
学生にすれば
自らの作品を大勢の人に
披露する場所を
獲得したことになり
また彼ら自身も
自らの作品を見せる
ために知人を連れて
訪れることで
お店に新規のお客を
呼び寄せたのである
へへ…
オレの作品
買いたいって
言うんがいるん
だってよ！
へェー
若者の
常連客が
ずいぶん増えたん
じゃない
そうなんだ
これも
和美ちゃんの
おかげだよ
ありがとう！
コーヒーと
ホットミルク…
こうして盛況のまま
2ヶ月が過ぎ
マスターの孫娘も
学校の合間に
手伝いにかけつけた

そうだ 和美ちゃん また「バイエルン」で パン焼いてくれないかなァ
うちが仕入れるから…
大手メーカーより割高になるだろうけど この調子ならそれぐらい払えるからさ
えッ…
そうね…
和美はまだ父親にパン作り再開の話を切り出せていなかった
「バイエルン」立て直しに今度は私が手を貸したいんだよ
それに、実績出して課題レポート出さないといけないんだろ
ああッ… 忘れてた コンサル会社から封筒が来てたんだ
「ラメール」改革で手いっぱいで 1週間前から、放りっぱなし!
おいおい… そっちの方が大事だろ
早く帰って封筒開けな
うちのことで時間取らして申し訳なかったな
ううん そんなこと… 私がスッカリ忘れてただけ

和美はあわてて「ラメール」を飛び出し家に向かった
業 3F
スナック 雅 2F
市松書店 1F
神保古書店
私、目の前のことに夢中になってしまうと
そればっかりに一生懸命になっちゃってもともとのきっかけさえ忘れてしまったりする
タッ
タッ
キャハハ…
そうそうあれは小学生の頃だ—
夏休みの宿題で絵日記にアマガエルを描こうとして近くの公園に出かけたことがあった
その公園で2時間探し回ったもののアマガエルはどこにもいなかった…
ガサッ
ガサッ
そうだ水辺よね
大きな池なら絶対いる!

地図で調べると
都内で大きな池は
上野公園の不忍池《しのばずのいけ》で
あることがわかった
すぐに自転車に
またがり向かった
目指す方向は
北東!!
ただそれだけを
頭に入れて…
あーもう
ここどこよッ
わかんなく
なっちゃった…
そして迷子に
なってしまった
道路でベソをかいてる
私を見かけて、おまわりさんが
保護してくれた
おじょうちゃん
どこから
来たんだ?
わ…
わたし
不忍池に
行くの!
不忍池に
行かないと!
ずっとそれだけを
言い続けていた
アマガエルが頭から
飛んじゃってた
君の家って
不忍池!?
結局
不忍池には行けず
おまわりさんに送ら
れて家に戻った

自宅に着いた…
ガッ
これだ
書類には4項目の課題が書かれており、課題ごとのレポート用紙が入っていた
【パン屋「バイエルン」立て直し】
課題(1)
課題
(1) ここ最近努力したこと
(2) 目指した成果
(3) 自己評価
(4) 新たな目標とその道筋
この4つの課題のレポートを提出する
提出期限は、今月25日までとします。
うわッ 提出期限って明日までじゃん
急いで仕上げなくっちゃ
こらこら問題を温めるのは、いいけど忘れてはいけないよ!

和美は
この日、夜遅くまで
課題と向き合った
内容は
芸術で〝花を添える〟で
集客アップした喫茶
「ラメール」の成果…
それと関連させた
「バイエルン」の立て
直し策であった
カチャ
チャ
カチャ
チャ
ふう
あと2枚か
深夜一時
徹治が酔っぱらって
帰宅した
おい和美
まだ
起きてんのか
Z Z Z…
……

うん…コンサル会社へのレポートか
〈最終目標〉パン屋の立て直し「課題」常連客の掘り起こし
ン屋「バイエルン」立て直し】
常連客の掘り起こし
「具体的手段」喫茶店の売上げアップ
立て直し…
……
和美…悪いが俺はもう…

あッ いつの間に
あら…これ 父さんが
はッ、そうだ まだ最後まで 書き上げて なかったのよね
このままのペースで 仕上げたとしても 午前中いっぱいは かかりそう…
今日中の提出を 確実にするには コンサル会社に 直接行くしかなかった
カチャ チャ チャ
学校の授業 午前中は 休まなくちゃ いけないわね
でも午後一の 「経営概論」の授業 これはどうしても さぼれないな

お昼頃
やっとレポートが
完成した
よしッ
これを4時までに
コンサル会社に
届ければいいのね
その前に
授業に出ないと!
「経営概論」の
講師は出席者に
突然、質問を投げかける
ちょっとキザな
スネ夫ヘアーの先生だった
この授業は
欠席が3回を
超えると、無条件に
成績が不可となる
すでに
2回欠席している
自分に選択肢は
ない
ダーッ
では前回の
販売用語と
その組み合わせに
ついての…
うわッ
ヤバッ!!

販売話法
いま入って来たそこの君名前は？
あ…すいません遅れました里中です
ではミス里中…
あなたに質問です前回の講義の復習ですが
清水拓郎
帝美大講師
ベンチャー企業経営
販売話法を研究したエルマー・ホイラー…ホイラーの5つの法則の第1の「シズル」とは何でしたか!?
えッ前回って欠席してたから
でもホイラーなら…っていうか何でホイラー？
はい…シズルとは商品を買いたくなる大きな理由のことです
言いかえればその商品の本当の価値です
じゃあ例を挙げてみてください

例？……
そうですね
例えばフランチャイズのコーヒー店は喫茶店で出すコーヒーの半分以下の値段で販売します
「ラメール」を頭に浮かべながら語った
現実としてはそうではありません
喫茶店を訪れるお客はコーヒーを飲むためだけに喫茶店を訪れるわけではなく…
コーヒーそのものを求める客ばかりだとしたら、喫茶店は潰れるはずだけれど
お客の求める価値はそれ以外にある
その価値が「シズル」だと思います
ここはお手並み拝見ですね！
販売話法
なるほど…実感のあるコメントですね
はい結構です
逆に言えば売れるあらゆる商品にはシズルが隠されています
強烈な購入動機になる価値がです…

…では終わりに
もう一度ミス里中…
ホイラー5つの法則について君の解釈があれば伺いたいのですがいかがですか
あ…はい わかりました
できればこちらに出てきて説明願えますか
これまで何度も「ホイラーの法則」を熟読していた頭の中で再現できるほどに
だから的確な事例を挙げながらホイラーの法則を説明していく
そして次…
第一条〈ステーキを売るな
第二条〈手紙を書くな
例えばあなたが恋人にプロポーズする場合、花束を添えて言えば
あなたの気持ちがより相手に通じるはずです
これが第3の法則まさに〝花を添えて言え〟ですね

そう！「売り込むべき何か」を持つ就職活動中の人にも必須のスキルだよ。

ミス里中
ホイラーの法則よく勉強しているんですね
ヤバイ
時間がない！
先生、これから入社試験を受けている会社までレポートを提出しなければなりません
どんなレポートですか？
迷いながらもレポートを出した
いえ
つい先ほど仕上げたものですから…
急いでいて
提出期限は今日の4時までなんです
…うむ
これコピーは取っていますか？
あと1時間か…
わかりました
ついて来てください
エッ!?

講師専用駐車場の一角に真っ赤なアルファロメロが駐車してあった
さあ乗って送って行こう
まあッ
もしよかったらこれで、レポートを撮影願えませんか
もう一度しっかり読んでおきたいので
このデジカメ解像度がいいので文字も判別できます
あ…はい
ブロロロ..
ホイラーの教えを実践しているあなたは、非常に興味深い
個人的に応援したいくらいです

私、ベンチャーキャピタルの代表者でもあるので
東京都や23区の行政担当者とも懇意にしています
だからそうした面でならお手伝いできるかもしれませんよ
まあァ本当ですか
ええ、コンサルティングの支援などもらえるのであれば
私の講義は文句なく「優」を差し上げましょう
願ってもない申し出どこにも断る理由がない…
はいッその時はよろしくお願いします！
ブロロロ‥

コンサル会社ビル
ありがとうございましたぎりぎり間に合いました
ではがんばってミス里中
ブロロロ
急いで、リボンで服を整えてエントランスを進む
私、入社希望の里中と申します
課題のレポートの提出期限が、今日の午後4時でしたので持参いたしました
ではお座りになってお待ちください
時間はじりじりと過ぎていく
もう会社にいるからいいのかなァ
4時になる1秒前に声がかかる
里中さまお待たせしました
15階の会議室においでくださいとのことです
はいッ

エレベーターに乗ると
同乗する人の服装は
みんなスーツにネクタイ
それぞれのスーツが
すごく高級そうに
見える
いつかこの人たちと
肩を並べて
働くのかな…
ニヤッ
あッ…
不忍池《しのばずのいけ》…
幼い自分が
アマガエル探しに
辿り着けなかった場所を
いま
上から見下ろしている
フフ…
何だか不思議

15階で降りた和美は指定された部屋に入った
ガチャ
えーと どこに座れば いいのかしら
私が座るのは上座…下座？
掛け軸があるほうが上座だと聞いたような…
掛け軸は見あたらないから…
月8日(金)
新システム開発定例会議
ホワイトボード側？ いや…窓側
コン コン
はいッ入ってます！
…ってそれはトイレか
担当の山ノ内です
里中さんよろしいですか？

【パン屋「バイエルン」立て直し
課題〈4〉新たな目標とその道筋
うむ… あなたがこの前 宣言されたのは
ご実家の パン屋さんの 立て直しでした
はい
このレポートと 一緒に 当然添えてある べき書類…
「バイエルン」の 損益計算書 貸借対照表…
それから 売上高推移や キャッシュフロー表は どうされました?
えッ!?
あッ…それは まだ…
……

当然のことだ…
立て直すならば
立て直す以前の
経営状況を把握して
いなければどうしよう
もない
BAKERY バイエル
BAKERY バイエルン
BAYERN
山ノ内の指摘は
基本中の基本だった
作成していません
そう口にしながら
悔しさで一杯になった
経営コンサルタントなど
所詮夢のまた夢だったの
だろうか…
いいですか…
会社も個人経営の商店も
そして個人であっても
すべてに
貸借対照表、
損益計算書が
存在します
どんぶり勘定で
発展する企業は
ひとつもありません
特に粉物の商売は
利益率の高さから
光熱費や家賃など
原材料ではない
間接経費を
軽視するところが
ある

パンをひとつ売ればどれくらいの粗《あら》利益があるのか―
固定費を賄うには売り上げはどれだけ必要なのか―
そして現状ではどの程度不足しているのかなど…
基本的な数値を把握しなければ
立て直しなどできません!
はい 認識不足でした
徹夜に近い努力は全部ムダだった
どうしようもない悲しみが襲った ただここで凹《へこ》むのは違うと思った

もし
次回のチャンスを
いただけるのなら
きちっと
すべての書類を
作成しておきます
フッ…
なるほど
あなたも
負けず嫌いだ
えッ？
いや
こっちの話
です
さて
あなたのこのレポート…
会計士の視点から
判断すると
採点はゼロ点です
しかしながら
コンサルの視点
から見れば
ぎりぎり及第点で
しょうか…

2カ月後のレポート
また締め切り間際に提出されますか
あッ
それとも余裕を持って郵送なさいますか？
はい それは
1日前必着で郵送します
では 2カ月後 君の成果を楽しみにしています
はいッ ありがとうございました
切れ掛かったクモの糸は綻《ほころ》びることなく上に続いていた

ふうーッ
第一関門は
からくもセーフ
なんてネ
フフ…
やました文具店
中間試験が
終わったような
解放感に満たされた
そうだ
不忍池《しのばずのいけ》に
行ってみよう
もちろん
今日が初めてではない
〝アマガエル事件〟のあと
何度か訪れた
最初に訪れたのは
親子3人で
上野動物園に行った時
隣接する
美術館にも
寄ってみた
そこで和美は
1枚の絵に
釘づけになった

世界中の言語の新聞を
張り合わせて作った
巨大なマリリンモンローの作品に
目を奪われたのだ
あらまァ
和美…
パンダやキリンを
見ても
「へえ～」とか
「ふぅ～ん」とか
だったのに
うん…
だって
だって
これ
スゴイもん！
視点を変える
「ユー能力」の思い出なんだネ
顧客の立場で考える能力だよ。

遠くから見ると
鮮やかな大人の女性
なのに
近づくと
新聞記事しか
見えない
う〜ん？
不思議…
その境目が面白くて
何度も何度も
近づいては離れ
離れては近づき
境界線を探した
他にも見たいものが
あっただろうに
父と母は自分の好きな
ようにさせてくれた
館内に
誰もいなくなっても
美術館の係員は
閉館時間まで、黙って
いてくれた

不忍池のほとりに立って眺めると先ほどビルの上から見た池は箱庭のようにちんまりとしていたのに対し
向こう岸はかすむように遠く見え木々にさえぎられすべては見通せない
担当者の山ノ内が帰り際に口にしたことを思い出した
前回の面接で君は「クライアントにはない視点を持つことだ」と言いましたが
もっと視点を自在に変えていろいろな方向から
アイデアを検証するといいでしょう
視点を自在に変える…

そう！「ユー能力」を持つことを学びなさい。

そうです
生産者の目線だけでなく
お客さまの目線や
仕入れ先の目線
そして
その他顧客の
目線などです
とかく人は
近視眼的に
陥りがちなもの
私自身
自戒を込めて
そのことを言い
聞かせています
山ノ内は
偉そうではなく
私の
取り組むさまを
楽しむようなそぶり
さえ見せていた
そうか…
担当者の話し方にも
ホイラーの法則が
生きている
微笑みをふくんだ
声で、聞き手に
興味深く伝える
第5の法則
「吠え声に気を
つけよ！」だ

わたしの法則
だいぶわかってきたようだネ

いつの間にか日が暮れ池のほとりに屋台の光が灯っていた
とうもろこし
焼きもろこし
焼きもろこし
はーいらっしゃいらっしゃい!
焼き立てだよ!
うわァトウモロコシの焼けるいい匂い!
北海道直産朝採りのモロコシだ
さあらっしゃいらっしゃい
焼きも
どれ?2本、3本4本何本にする?
タレは多め?
じゃ、おまけに北海道産バターをもう一度かけちゃう

はい どうぞ お嬢ちゃん
浴衣 似合ってる よォ
さあ らっしゃい らっしゃい
はッ これ…
これって まさに ホイラーの5つの法則
こんな場所で お目にかかれるとは 思わなかったわ
買うか買わないか 決断を迫るのではなく 「どれにする?」や 「何本?」と 購入することを 前提として話してる
30秒にも満たない 短い時間 焼きモロコシを売る 過程の中に
はいッ どうぞ
ホイラーの法則の 販売話法が 表現されていた
砂糖醤油の 焼ける匂いは「シズル」 そのものだし
〝北海道産朝採りの モロコシ〟は 「手紙ではなく電報を 打て!」第2の法則だ

いやいや
まだある…
威勢のいいタンカ売りそのものが声の調子をすべて駆使して説明をする第5の法則――
「吠え声に気をつけよ！」だ
さあ
らっしゃい
らっしゃい
ホイラーの5つの法則
第1の法則「シズル」でしょ
第2の法則「電報を打て」
第4の法則「もしもと聞くな」
第5の法則「吠え声に気をつけよ！」
そして
第3の法則「花を添えて言え」も
ちゃんと表現されているじゃない
そう
証拠を示せだ
買うと、どんな「いい事」があるのか
その証拠を示してアピールしろ
っていうか焼きモロコシが旨いのは誰でも知ってる
ハハハ
そうか…
スゴイよ！

そう！時や場所を超えるから法則なんだよ。

神保町駅
Jimbōchō Sta.
神保町にもどると九時を過ぎていた
夕食をとっていなかったので「山ちゃん」に直行で入ると
山ちゃん
なぜか幼なじみの小児科医の幹太と学習塾講師の拓也がいた
おッやっと来たか
待ってたよ和美
赤兎
なんで約束してたっけ?
あ～ァその言い方冷たいよなァ
ガキの頃は約束してなくてもいつも集まっただろ
うん!? 2人とも何か変よ!!
わたしあんたらに何かした?

何か
したなら
はっきり
言いなさいよ
この幼なじみの2人とは
因縁浅からぬ付き合いが
あった
恋愛関係じゃない…
幼い頃、和美は
この周辺のガキ大将で
幼なじみの子分を従えて
新宿の伊勢丹でかくれんぼ
したり
迎賓館に忍び込んで
大騒動を引き起こしたり
の毎日で…
幹太は
4つも年上なのに
チワワが吠えた
ぐらいで
飛び上がりへたり込んで
しまうような情けない男で
キャン
キャン
キャン
助け役は
いつも和美だった
スタッ
こんなヘタレたちに
舐められるわけには

ドン
私も飲むわよ
で、どっちが話してくれる？拓也それとも幹太…
焼きモロコシ屋のあんちゃんを思い浮かべ「どちらと聞け」を実践してみせた
いや…そのォ
「喫茶ラメール」えらい繁盛しているじゃないか
そうよそれが？
マスター隣の空いている店舗で画材店もオープンさせたいって言ってたわね！
だから水くさいじゃないかよ和美…
幼なじみのオレ達を放っておいてマスターだけを助けるっていうのは
うん!? 助ける…
二人は「喫茶ラメール」が和美のアイデアで急転、業績が伸びたことをマスターから聞いていたのだ

じゃあ言うよ
昨日、親父がマジで
病院閉めようか
って
それでオレに
どこかの山間部の
病院に職を
探さないかって
えッ…何で
幹太の病院
そんなにピンチ
だったの!!
もうピンチもピンチ
うちの学習塾だって
生徒数が激減で
2人の家業…
右肩下りで
かなりの窮地なんだよ
そう、もう
ぎりぎり
なんだ…
ホント
溺れる者はって
言うだろ?
私は
ワラってわけ
ワラじゃない
丸太だと思ってる
だってそうだろ?
迎賓館にみんなで
忍び込んだ時も…
警備員に見つかって
捕まりそうになって
……
こ、こらッ
お前ら
何してんだ!!

うわァ何だ
こらッやめなさい！
和美は20連発の爆竹で警備員を足止めしてくれて
縄梯子をかけてオレ達を逃がしてくれたじゃない
よしッ！今のうちよ早く登って
あの頃、和美はいつも子分のオレ達を救ってくれたよね
よね…って言われてもうーん…
赤鬼
「ラメール」の改革に乗り出したのは「バイエルン」の常連客を増やすためだ
ただそんなことをここで言っても仕方がないように思えた
エルマー・ホイラーならどう返すのだろうか
ツンツン…
小児科医院と学習塾か…
こいつらにできることできれば「バイエルン」のパン販売に絡めていったいどんなことができるのか…

そう！よーく観察して

うん
わかった!
かわいい子分のためだこの和美姐《ねえ》さんがひと肌脱ごうじゃないの!
おッ!!
よしッ
よく言ってくれたァ
それでこそ和美姐さん!
じゃあさァ
君たち
よく聞いてよ!
それぞれの損益計算書に貸借対照表それに売上高推移表を出してきなさい!
エッ!!
何ッ!?
そんなの要るの…
赤鬼

当たり前でしょ基本的な数値を把握しなけりゃ…
立て直しなんてできないでしょ
あんたらこんな基本的なことも知らないの
現状がわからないと指摘のしようがないでしょうが！
麦焼酎 赤鬼
ちょっとやってダメってのとはわけが違うのよわかる？
で明日？それとも明後日？
提出できた先から考えるわよ！
こう言いながら損益計算書や売上高推移表で何を分析すればいいのかとんと見当もつかない
言葉は面接担当者の受け売りだ
ただ立て直しの考えをまとめるための
時間稼ぎにはもってこいだし
それらが用意できないようであれば依頼を断る言い訳にも使える
ほらッ君たち大船に乗ったつもりで今日は楽しく飲もうぜ！
麦焼酎 赤鬼

この夜、3人で麦焼酎2瓶を空け深夜解散…
喫茶「ラメール」では店は閉まっているがウィンドウのスタンドが点けられてメッセージボードを照らしていた
COFFEE
LAMER
まあ…
フフ…マスターの人形いいじゃない
朝7:00開店
陳列しているグッズはすべて美大の仲間が作った物で
「ラメール」で委託販売されている
なかなか人気があって20体ほど売れた
夜間の照明代もグッズの販売で黒字になってる…
持ちつ持たれつうまくやってるわね

BAKERY バイエルン
それに引き替え
わが家「バイエルン」は
錆びたシャッターで
閉められていて
さびしい限りね
チャ…
タッ
オレンジ100%
店を開けているのは
昼間だけ
大手パンメーカーから
仕入れたサンドイッチを
50食販売しているだけだ
一食300円
ジュースの類やサラダで
150円～200円
一食平均500円と
しても
一日2万5千円
土日は休むので
一月20日として
月額の売上げ総額は
50万円でしかない
粗利40％としても
利益は20万円…
家賃を払うとしたら
完全に赤字だ！
そろそろ父さんに
「バイエルン」再開を
切り出してみるか

ただいま
おうッ
お帰り
どうだった?
えッ
何が…
コンサル会社に
課題を提出
したんだろ
あ…うん
それはまあ…
しまった
今夜の父さん…
お酒を飲んでいない!
「バイエルン」の立て直しを
話すチャンスなのに
こっちが酔っぱらって
なんと間の悪い…

ただ
この機会を逃すと
まともな話ができない
ような気がする
父さん
話があるの
少しいい…
なんだ
やぶから棒に
おまえ
飲んでるな
うん
幹太と拓也と
三人で
「山ちゃん」で
飲んできた
でも
酔っぱらっては
ないよ…
ほおォー
幼なじみ
神保組再結成か…
そんなんじゃ
ない！
あいつら
「喫茶ラメール」の
繁盛が私のアイデア
だと聞いて…
「山ちゃん」で
幼なじみの二人から
泣きつかれた話を
父親に語った

黙って聞いていることに飽きて父が口を挟む
幹太のやつ大学病院の外科で血を見るのが嫌で手術が苦手だったらしいじゃないか
それで内科に回されると今度は患者が死ぬのに耐えられなくなったってことだぞォ
それで大学病院から逃げ出したんだって
あそこの親父さん嘆いてたなァ
それどこで聞いたの？
ほれあそこのキャバ…
あ…あいや飲み屋だ
幹太の親父さんも酒が好きでさァ
キャバ!!
まだあんなところに行ってるのだろうかいったい何歳だと思ってるの——と問い詰めようとしたが

父がしんみりと目を伏せたのでそのままにした
だけど南病院も大変なんだなァ
山間部で職か…医者になってもなかなか楽はできないもんなんだな
それよりお前の就職…
どうだったんだ
ああ…面接ね新たな課題のレポート…チャンスはもらったけど
まだまだ先は長いわなにせ美大だし実績もないときてる
実績か…
だから最初の面接で担当者に「この店を立て直してみせます」って宣言しちゃったの
ねェ、父さん話ってこのことなの
この「バイエルン」復活させて欲しいの!!

……
そのことだが オレは…
父さん なに…
いや… よそう
何だかこの頃 歳のせいか 眠くなるのが 早くなったな…
タッ
お前も もう寝ろ
あッ 待って!
父さん! 今の生活のまま でいいの!?
……
オレはお前を ちゃんと大学まで やったんだ
見ての通り 母さんの残した財産 食いつぶして死ぬから あとは何とかしろ!
バタン
ま…待ってよ 父さん

ああ…
「馬を水辺に連れてゆけても、水を飲ませることはできない」か…
このことわざが浮かんだ
文字通りだと思う
本人にその気がないのに周りが無理にさせようとしても無駄なのか…
喫茶「ラメール」のマスターは改革の意志があった
途中でお金を必要とする時にも定期預金を崩して用意してくれた
幹太や拓也にしても「何とかしないと」という意志がある

一方、父親はどうだろう…
他人を評価してもわが身を客観視することを頑なに拒否している
場所がいいから大手パンメーカーも何くれとなく商品を卸してくれる
BAKERY
BAKERY
BAYERN
やはり花を添えないとダメか…
時には父親といっしょに店番をしてくれるほどだ
水を飲もうとしない馬——それはまさしく父親その人だ

親子の問題は昔も今も、なかなか…

「ラメール」にパンを卸せるとしても一日食パンを何斤買ってくれるだろう?
COFFEE ラメール
最大限買ってくれても5斤がせいぜい
一斤500円として2500円でしかない…
パン焼き器を稼働させ続ける実入りには到底届かない
常連客で昼時の売り上げを超えるようでなければ
父さんが振り向いてくれるとは思えない…
「ラメール」のように仕入れしてくれる新規のお店を増やせば…

古書店やうどん屋など
多くの店が立ち並ぶ
表通りと違い
裏道を一本入った商店街は
表通りほど活気がない
対抗意識があるからだろうか
表通りの商店主と何でも
言い合えるほど仲が
いいわけじゃない
SAIKO
「喫茶ラメール」で
成功したからといって
他の店でも同じように
できると胸を張れる
自信はない
だったら
どうする?
う〜〜ん・・・

郵便はがき

料金受取人払郵便

牛込局承認

6893

差出有効期間
平成28年3月
31日まで
切手はいりません

162-8790

東京都新宿区矢来町114番地
神楽坂高橋ビル5F

株式会社ビジネス社

愛読者係 行

ご住所 〒 TEL:　(　　)　　FAX:　(　　)			
フリガナ お名前		年齢	性別 男・女
ご職業	メールアドレスまたはFAX メールまたはFAXによる新刊案内をご希望の方は、ご記入下さい。		
お買い上げ日・書店名 年　月　日　市区町村　書店			

ご購読ありがとうございました。今後の出版企画の参考に
致したいと存じますので、ぜひご意見をお聞かせください。

書籍名

お買い求めの動機

1　書店で見て　　2　新聞広告（紙名　　　　　　　　　　）

3　書評・新刊紹介（掲載紙名　　　　　　　　　　）

4　知人・同僚のすすめ　　5　上司、先生のすすめ　　6　その他

本書の装幀（カバー），デザインなどに関するご感想

1　洒落ていた　　2　めだっていた　　3　タイトルがよい

4　まあまあ　　5　よくない　　6　その他(　　　　　　　　　　)

本書の定価についてご意見をお聞かせください

1　高い　　2　安い　　3　手ごろ　　4　その他(　　　　　　　　　　)

本書についてご意見をお聞かせください

どんな出版をご希望ですか（著者、テーマなど）

天井には20年前から
ぶら下がっている
シャンデリアが見える
子供の頃には
きらきらと自慢の
逸品だったのに
今はくすんで
みすぼらしい
あーあ
こんな生活から
抜け出したい
美術館に似合う
人間になりたい
ただその思いで
ガンバってきた…
子供の頃から
絵を描いたり
空想するのが好き
だった
そんな仕事ができたら
最高だと思った
マスコミや広告会社
それに大手メーカーの
デザイン部門を受け
続けたけれど
連戦連敗!!
やっとつかんだ
チャンスなのに
身内の協力を
得られないのは
どうしてかな…

自ら口にした目標を諦めた瞬間
不採用
担当者の山ノ内は「不採用」の決定を押す
そのことだけは確か……
これから3カ月の間に何ができるって言うの…？
う〜ん…
……
ZZZ…
今日起こったあれこれをめぐらすうちに酒の酔いも手伝っていつの間にか和美は寝息をたてていた
ハハ…休むのも大切、大切

帝都美術大学──
食堂
ワイ
ワイ
ガヤ
ガヤ
プルルルル
幹太…

はいッ
今
食事中…
何なの!?
ひえ～ッ
そんなに
怒んないでよ
怒ってないよ
だから
何ッ!?
南 医院
診療時間
小児科
曜日
時間
月 火 水
午前の部
あ、うん…
和美が言ってた
損益計算書
貸借対照表とさ
売上高推移表
用意したから…
そういえば…
幹太と拓也に
約束めいたことを
してしまったんだ
あれッ
切れちゃった
…もう
あいつ
ビビリだよなァ

誰から？
うん…幼なじみの友達
親父さんと小児科医院を開業しているんだけど
少子化でしょなんだか経営がよくないってんで
親父さんから他の就職口を探せって言われて
なんだか山間部とか離島とか…よくわからないけどそこなら働き口があるらしいよ
でも、いいよねお医者さんはさ
どうなっても就職口はあるんだもん
ふーん医者になっても大変なんだな

そりゃそう
楽なビジネスなんてないの！

ひょっとしてその彼和美に別れを言いに来たの？
もしかして一緒に来ないかなんて
プロポーズされてたりなんかして？
COFFEE
ないないッ
あいつとは絶対ないわよ
ハハ…そんなに強く否定してやるなよ
だって、あいつ4つも年上なのに子供の頃からもうヘタレでさァ
この前だって神保町を離れたくないから医院を立て直してくれって…
それで引き受けたんだ
引き受けたわけじゃ…
いやァそうなのかな

でもさ自分んちも立て直せないのに…
自宅の錆びついたシャッターひとつ塗り直せないのに
人様の経営に口出しをして立て直しを約束してしまうなんて…
昨日の父親との会話がよみがえる
待って!
父さん今の生活のままでいいの!?
自分の頭のハエを追い払うこともできないのに
人様の経営を立て直せるわけないじゃない
そうでしょ

そうだ 渡すものが あったんだ
ザッ
これ 和美の取り分
「ラメール」で 売れたお金の10% 16万3500円だ
サークルのみんなで 相談して決めた
え、そんな いいのに…
そんなつもりで したことじゃ ないし
悪いよ 画材費とか かかるでしょ
怒るぞ! あのな みんな感謝して るんだ
自分達の作品が 売れたんだぞ

「ラメール」に展示された絵を見て喜んでお客さんが買ってくれたんだ
この風景画いいわねェ
お前が道を切り開いてくれたそれを突き返されたら立場がない
オレがお前に押し込むおおせつかった役をおおせつかったのさ
だからはいッ受け取れよ
そ…そうなんだすいません
なんで謝るんだ謝るな!
あッそんなつもりじゃなくて…
わかったありがたくもらっとく

お金は感謝の結晶だよ。

まあいいさ これからも困ったこと があったら みんなで手助けする から言ってくれ
すぐ 駆けつけるぜ
うん! 頼りにしてる
お前 いい感性 してるよ
だからじゃない その幼なじみも 頼るんだろ
……
自分の 気付いたことを 言ってあげれば いいんじゃない
それを 受け入れるか 受け入れないかは 相手が決めることだし
だろ?

そうかな？それでいいのかななんかさア怖くなったんだ
昨日の晩父親に再建を切り出そうとしたら逃げられちゃって
信用されてないんだなって…身内に信用されない人間がどうして他の人間にって…
これから目指そうとしているコンサルタントの仕事なんて到底、私になんかできっこないって思ってしまうの

ポン
そう難しく考えるなよ いろいろだよ 人ってさ
身内だから わかってくれるって わけでもないしな
オレだって そうだ…
オレこう見えて もう27歳だ 大学卒業して 就職したけど
芸術家を 諦めきれなくて この大学に再入学した
父親は「勘当だア!」って 今でも口を 利いてくれない
えッ!

と言うわけで苦学生のオレはバイトがあるから行くね
これからもよろしく！
オレも頼りにしてるんだぜ
もっと自信持てよハハ…
うんじゃあ…
ありがとう
フッ…難しく考えるな…か
いい感性してるってても言ってくれた
和美はしばらく天井にぶら下がったファンを眺めた
大きな羽根がゆっくりと回っている
あれ…本当に役に立ってるの？
ただの飾りじゃないの

人からの評価は、素直に受けていいんだよ。

空気の拡散を目的としているんだろうけど
止まっても何も変化もないように思うけどフフ…
ふと幹太の顔が浮かんだ
南病院の幹太だって同じだ あの辛気くさい顔で日がな一日、父親と病院にいて、何が楽しいのだろう
かんしゃく持ちの院長だってきっとそう感じている
息子とずっといるのは耐えられんとか…フフ…

そういえば幹太…迎賓館から無事逃げ出した後
私が生垣で膝をすりむいていたのを見つけてバンソウコウを貼ってくれたっけ
なぜか、いつもポケットにバンドエイドを2枚入れていたなァ…フフ
でも貼るとき血を見るのが嫌でやっぱりそっぽを向いていたけど
臆病だけどやさしくて…
それで体型が胴長短足でヨタヨタ歩くものだからダックスと皆から呼ばれてた
フフ…ダックス久しぶりにダックスって呼んでやろうかな
うん…待てよダックスダックスフントか!!
これって子供に人気じゃない

ダックスフントって
もともと猟犬用で
確か、穴熊狩りに
使われたのよね
ガッ
ガッ
穴熊の巣穴は
小さいため
穴を広げるのに
短足の犬が役立った
らしい…
ダックスフントは
猟犬か…
穴熊を求めて
そ…そうか
少子化で
患者が来ないのなら
こっちから求めて
行けばいいんだ!
ってことは
子供がいるところだ

…それなら一時預かりの保育所とか認定こども園なんかに医者を必要としている場所がきっとあるはず
保育士だって預けられた子達が急に熱を出したら困るわけでしょ
大手企業なら専門の医者を雇えるだろうけど
中小企業になるとそうもいかない
よしッ これだ!!
一日中顔を突き合わせなくて済むなら院長だって幹太だって乗ってくるはずよ フフ…

数日後
南病院の応接室―
南 医院
南 医院
診療時間
小児科
月 火 水 木 金 土
9:30~12:00 ○○○／○○
和美さん わしはもう この医院をたたむ つもりでいました
ですが幹太が「自分が立て直すよ」って言ってきたんです
小さい頃から人の影に隠れておどおどしていたこの幹太がです
南 郁夫
幹太の父親で、南医院の院長
それが何よりもうれしい…
ですから幹太のやりたいことを応援するつもりです
どうか、ぜひ こいつに力を貸してやって下さい
はいッ もちろんです

私もそのつもりでここに来ました
きっと院長にも気に入ってもらえる提案だと思います
幹太がうらやましく思えた
父親が喜んで後押ししてくれるのだ！
では南病院への処方箋その①
近隣の「保育園への往診」です
ザザッ
車で往復15分範囲の保育園を調べると全部で20園ありました
すべての園児の総数はなんと860人
全員の園児のカルテ作成が条件ですが
さくら保育園
なんとすべての保育園でこの申し出を快諾していただきました

さっそく「花を添えた」わけか！

すでに各保育園には
幹太クンと挨拶は済ませています
そうか往診か…
こっちから打って出るわけだね
オヤジ…販促ツールの名刺やチラシはすでに作ってあるんだぜ
これはボクの名刺
ダックス小児科
南 幹太
千代田区神田神保
TEL 03-XX
おいおい病院名がダックス小児科になっとるぞォ!!

はい
これが処方箋
その②です
病院名を
南病院から
ダックス小児科に
変更します
園児や
その母親たちに
親しみやすい
アイコンをデザイン
しました
デザイン…
うむ…
親しみやすい…か
これは
ホイラー第2の法則
「手紙を書くな
電報を打て」に従い
幹太のイメージの
簡潔なデザインである
そういえば
ダックスって…
幹太の子供の頃の
あだ名だったたな…
ハハ…
確かにこの方が
園児や母親に
気軽に来院して
もらえそうか！
そして
処方箋③は
「キッズコーナーの充実」
です
これは
今の待合室を
リフォームして
明るく楽しい
キッズルームを
設置して
退屈しないように
絵本や
オモチャなども
充実させましょう

こうして3つの処方箋で南病院の立て直しをスタート…
ダックス小児科
まず看板が新しくかけかえられ…
ダックス小児科
診療時間
曜日
時間
月 火 水 木 金 土
午前の部
9:30〜12:00
待合室のリフォームは和美の同級生で実家を引き継いだ大工の宮下に依頼…
ビィーーン
おしゃれなキッズコーナーを備えた明るい応接室に仕上げられた

往診カーも
新たに購入…
ダックス小児科
プシュー
美大仲間の山口が
ロゴのデザインから
カラーリングの塗装
まで引き受けた
身びいきと言うなかれ
人と人とのつながりは
見積書ひとつよりも重い
のだ
さあ
ダックス先生
往診
お願いします!!
ダックス
科
おうッ
精一杯
ガンバる!
ダックス小児科

かくして「ダックス小児科」は保育園往診というお客さま掘り起こし策で実績はV字回復となった
ダックス小児科
ダックス小児科
診療時間
また医院の方でも保育園の帰りに寄る患者も増えて
看護師の増員を検討するまでになった
そんなある日関係者が集まった
㊗ダックス小児科
祝開院
わが「ダックス小児科」は見事に立ち直りました
これは協力いただいた皆さんのおかげです ほんとにありがとうございました!
㊗ダックス

いいぞォ カンバレー ダックス先生！
そうよダックス ガンバってもっと大きな病院にしなさいよ～
あ… ありがとうございます
ありがとうございます！
それでは カンパーイ！
カンパーイ!!
お酒と料理はたっぷり用意してあります
どうぞくつろいで楽しんでください
「ダックス小児科」立て直しを機会に、和美は美大仲間とコンサル研究会を立ち上げることにした

研究会の名前は発案者の和美に因んで「チーム・バイエルン」!!
最終的な目的は美術品の販売やデザインの発表の場を作るためだ
研究会の代表には山口を立てた
彼は二科展で入賞した実績もあり、組織をまとめる能力もあり、適任だった
ベンチャーキャピタルも経営する「経済概論」の講師、清水が顧問を引き受けてくれた
パーティの片隅でさっそく〝学習塾建て直し策〟の相談が持たれた
学習塾の貸借対照表や損益計算書などは拓也から受け取っていた
うーん どうだろう…

塾としてはネームバリュもないし
資本投下しても生徒を集められるとも思えない
塾講師は有名大学の私大生を雇っている状況で
塾経営に忠誠心も薄い
……
いったい何から手をつけたらいいかわからないな…
ネット学習という手段もありますがサーバーの維持費とホームページの作成費用、それに
専門のSEを雇う給料などで経費倒れになってしまう
月々150万円の売上げアップがなければ実質赤字ですね
ひと言でいうと塾経営は破綻寸前…
毎月の信金への返済だって預金を取り崩している始末だ
そうかァ…

やっぱ無理なんだ…まだ今なら会社を清算できるから
よかったかもしれない
ちょっとちょっと…
拓也どういうことよ
あきめるっていうの!?
うんもういいよ…
やっぱ無理だったんだ
なに簡単にあきらめてんのよ!!
突然迎賓館で逃げ遅れた子供の頃の記憶が蘇る

うわァ警備員が追いかけてくる
いいからあの柵まで走って!
ガクッ
もうオレ走れないよ
ハァハァ
もういいよ!
拓也これくらいで根を上げてんじゃないわよ
おらァ~あきらめるな
ほらッ立って
ガッ
ひやァ!
先に逃げて!私が食い止めるから
この後、和美は爆竹に点火させて驚いた警備員を足止めしている間に逃げることができたのだ

また
あの時みたいに
簡単に
あきらめる気かよォ
おい拓也
人に頼んでおいて
「やっぱ無理でした」って
どういう了見だ!!
おらおら
おら〜ッ
グッ
う…
ううッ
グッ
あッ
里中さん!!

何だ どうした 和美!?
おいおい ケンカかァ!?
えッ あ…いや…
いいかァ拓也 友だちを見損なうな!!
フーッ
あきらめるって簡単に言うんじゃない!
いいかァ いつも上を目指して!
はいッ、次に「チーム・バイエルン」が立て直すのは拓也の学習塾!!

興奮した頭を
冷ますために、ひとりで
「ラメール」に逃げ込んだ
COFFEE ラメール
………
和美チャン
ミルクいっぱいの
ココアだけど
飲むかい
チャ…
えッ…ああ
どうも
ありがとう
どうだい？
学習塾を
立て直すアイデアは
それがまったく
ダメ…
いろいろ
シミュレーションして
みても、アイデアが
浮かばないの

協力者や賛同者を増やすことこそ成功への足がかりですよ。

ねえ
マスターの子供の
頃って
学習塾って
どうだったァ?
塾かァ…
そうだなァ
ピアノ塾とか
習字塾…
ソロバン塾なんかが
近くにあったかな
親から
ソロバン塾くらい
行っとけと言われて
3年間通わされたよ
おかげで
今でも暗算は
得意だけどね
そういう
和美チャンは
何かやってたっけ?
私は
仲間を連れて
遊ぶのに夢中で
塾には
行かなかったな

何かヒントに
なりそうかも…

でも家では勉強したんだよ
母親がなんでも知ってる人だったから塾に通う必要はなかったの
学校の先生よりも教え方は上手かったわ
父さんの方は「俺は学がない」って母親に任せてたけどね
ハハ…学がないのは私もさ
ただ…こんな歳になってもう一度勉強したいなァとつくづく思うよ
歴史なんかじっくり習ってみたいな
ええッこれから勉強し直すのォ

えッ
おかしいかい？
70歳になって
勉強し直すって
のは
歴史以外にも
パソコンの使い方
とか習いたいものが
いろいろあるんだ
けどなァ
あッ
そうか！
勉強って
子供や学生が
するものって
決めつけてた…
そうだよね
勉強って
子供だけじゃない
いくつになっても
習いたいことはあるッ
「視点を自在に
変えて
アイデアを検証しろ」
山ノ内の言葉が
蘇る
そうよ
年輩者のための学習塾…
パソコンの使い方
だけじゃない…
スマホやタブレットの
使い方とか
それに
動画の編集なんて
ありじゃない？
うん
これよ!!

そう！「ユー能力」のことですネ

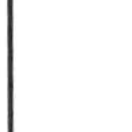

「シズル」は趣味塾ですね
考えましたネ

近隣の電気屋とも
タイアップ契約を交わし
製品を購入した客が
希望すれば割引で
携帯やパソコン
家電製品の使用方法の
短期の講座を受講できると
いう特約で認知度を高め
受講者を増やした
街の電気屋さん
神保電気
スマホ・タブレット・PC活用
シニア向け短期講座
安田学習塾
エアコン激安セー
さらには、千代田区の
広報誌やホームページに
パソコンやメールの活用の
仕方を教える講座を開設…
広報 千代田
12/5
シニアのためのパソコン教室
もちろんチラシや
ウェブデザインなどは
コンサル研究会
「チーム・バイエルン」
が担当…
その他に
自分史などの同人誌の
作り方まで網羅して
シニア世代の学習欲を
あおった
自分史講座
やさしい文章と
わかりやすさこそ大
名文と迷文
禁じ手
何を書くか
主題を決める
生きた時代を反映させる
協力:安田学習塾

地元商店街の発展に尽力する「チーム・バイエルン」の活動は
神保町商店街
フェアー
地元のCATV《ケーブルテレビ》の取材するところとなり商店街に知れ渡った

これにより「チーム・バイエルン」が立て直し策を手がける「安田学習塾」の認知度も飛躍的に高まり
年賀状や暑中見舞いなど、
はがき作成をマスターしよ
お茶
お茶
予想外に集まった趣味塾を受講するシニアで塾は活況を取り戻すことになった

新規ビジネスの創造こそわたしの願い！

和美
ありがとう
山ちゃん
小料理
感謝しても
しきれない
ホントに
ありがとう！
それは
ボクもだ
いやァ
2人に面と向かって
お礼なんか言われる
と照れますなァ
ハハ…
そうだ
ねえ
大将も
こっちに来て
一杯やらない？
いや
オレはいいよ
飲むような
気分じゃない
から

あれッ、大将が飲まないなんて珍しい…
結構深刻なんじゃない？
ああ…
もうこの店閉めようかと思ってる
借金も今なら
あッ…それじゃ
また和美の出番だよ
えッこの居酒屋の再建!?
ハハ…またまた私にやれってかァ
おッ…そうかい和美ちゃん力を貸してくれるのかい
地元商店街の救世主って言われてるんだってウチも頼むよ！

うん…お世話になっている「山チャン」のためだもの
「何とかしましょう」とすぐに言いたいところだけど…
その前に「チーム・バイエルン」のメンバーに協力を仰がないとやれないから
これからメンバー呼んじゃうけどいいかな?
そ…そうかい みんなで立て直し策考えてくれるのかい
じゃあ今日の飲み代はタダ!
店のおごりで飲み放題にするよ!
やったァ、大将 大吟醸のお酒持って来て!
おい、それはまだ早いだろ
さっそく和美は「バイエルン」のメンバーに次々と招集をかける

1時間もしないうちに「チーム・バイエルン」の面々がかけつけてきてお酒が振る舞われる
メンバーのどいつもこいつも酒豪ばかり店の酒は次々に空けられていく
はいッ！じゃあ聞いて
次に再建するのはこのお店また力を貸して欲しいの
アイデアはまだないけど私がひねり出す
とりあえず今夜は飲んで騒いで英気を養って
それから大将のあいさつ…
ホントにお世話かけますよろしくお願いします！

というこことで
今日は
お店のサービス
で飲み放題！
料理代の方は
私の幼なじみの
この二人が
面倒見てくれます
おうッ
まかせて
よ！
みんなのお陰で
2人の商売は
順調に発展して
います
種をまいた畑が
実り始めました
だったら
このお店の種代…
新装開店資金も
この二人に出させよう
と思うのですが
賛成の人
手を挙げて
えッ
それは…
ハーイ
ハーイ
うん！
決まりね
ハハハ…
もうそれぐらい
喜んで
ハハ…
あ…
よろしく！
お酒おつぎ
しましょう

翌朝
店の中は酒の匂いで
むせ返るほどの
散らかりよう…
焼酎
麦焼酎
赤鬼
その中でみんなが
沈没していた
ガーガァー…
ううッ
ちょ…
ちょっと
その前に
お水を
一杯…
ヨロ…
ふ〜〜ッ
さて…
「山ちゃん」の
立て直し策
考えなくっちゃ

キュゥキュゥ…
ゴクゴク
へぇー いろいろな食器があるのね
小皿や茶碗… いったいどのくらいのお金がかかってるのか見当もつかない
この店の規模は大きくもなく小さくもない…
このまま体裁を整えたとしても
大手居酒屋チェーンに値段で勝負できるはずもない…

そう、メリットとデメリットを客観的に分析、把握するのですヨ

ハハ…
あの連中
戦国時代の
素浪人みたいね
グー
ハァー
もしくは
黒澤映画の
「七人の侍」って
ところか
黒澤…!?
そう言えば
彼は無類の蕎麦好きで
実際、企画から携わって
蕎麦屋を
立ち上げたとかって
雑誌で読んだことが…
うーん…
ツン
ツン…
リン リン…ッ

ガラガラ…
おうッ 和美ちゃん お早う
朝メシのおにぎり買ってきたよ
大将 アイデアひらめいた!
「天保《てんぽう》の蕎麦《そば》」
てんぽう!?
そう この店の新しい名前!
大将 前に言ってたよね 引退したら田舎に引っ込んで蕎麦を打ちたいって!
あ…うん
それを前倒しで商売にしちゃおうよ!
ほうッ 蕎麦屋…

なるほど、新しい切り口です
場所の特性からのアイデアですネ

「天保の蕎麦」――店のコンセプトは江戸の雰囲気で味わう蕎麦屋…
ホイラーの法則第2条「手紙を書くな、電報を打て」で店名を「天保の蕎麦」とし客の注意を引く！
蕎麦打ちは「プロに教わるのが一番」っていうから
さっそく明日から蕎麦打ちの修業に出てちょうだいね大将！
あ…明日から⁉
俺にできるかな？
できないならこの話はなし！
蕎麦打ちにかけるか…それともジリ貧になるか答えは決まってるでしょ⁉
そいつはまあ…
大将が修業している間に店の内装からなんから全部やっておくいい⁉
あ…はいッそれならお任せします

第4の法則「もしもと聞くな、どちらと聞け」の応用ですネ

ということで 和美のアイデアは 具体案に移される
清水顧問は 大将の代理として 日本政策金融公庫から 融資を受け
金利の高い借金を 穴埋めし 閉めている間の店の 手当てをする役目を 引き受ける
大工の宮下は 和美と山口がデザインした お店の内装を図面に引いて いく
大将はリュックサックに 荷物をまとめ 神保町をあとにする
修業の先は 山形の老舗の蕎麦屋さん 大工の宮下の母親の紹介だ
お店の左右には 店名「天保の蕎麦」を 染め抜いた旗を掲げた
そば
天保の蕎麦
もちろん 染色専攻の美大仲間の 作品だ

3週間後
「天保《てんぽう》の蕎麦《そば》」の新店舗が完成！
天保の蕎麦
そば処

そば
天保の蕎
店舗は
1メートル半引っ込ませ
石畳を敷き、板塀で囲まれ
江戸の趣きが演出された
メインメニューは
ざる蕎麦と蕎麦がき
そして大将得意の天ぷら
品数を絞ることで
商品ロスを徹底的に
排除した
「蕎麦がき」は
蕎麦屋のシズルがある
と踏んでのラインナップだ
天保の蕎
蕎麦の香りを
十分に感じることが
できる品書き…
時代小説に「蕎麦がき」は
付き物にもかかわらず
普通の蕎麦屋で出しているところ
は少ない

お客に周知させるため「天保の蕎麦」は古書店とも提携を結んだ
岸古書店
大澤田書房
YAMAGISI
江戸文字で記載した神保町古書名鑑地図を作成し、お客に配布した
神保町古書店名鑑地図
お店では古書店から、草紙《そうし》絵入狂歌本や浮世絵を借り受けて陳列、仕入れ代なく、江戸趣味を盛り上げた

こうして「天保の蕎麦」は
地元古書店の応援も
あり、連日大盛況となった
天ざる4枚と
蕎麦がき2つ
お願いします
はいよ!
もともと料理人として
一流の腕前の大将…
蕎麦打ちも器用にこなし
蕎麦がきは
ワサビを少し溶いたつゆに
つけて食べれば、サイコーの
酒の肴として堪能できた
通にもおいしいと
お墨つきをもらう
上々の出だしとなった
トン
トン
こうして
コンサル研究会
「チーム・バイエルン」は
またひとつ実績を
積み重ねた

一方…本家のパン屋「バイエルン」の方は相変わらず大手メーカーからパンを仕入れての販売を続けていた
BAKERY バイエル
KERY バイエルン
BAYERN
そして大手コンサル会社にレポートを提出する期日が3日後に迫っていた
「ダックス小児科」「安田学習塾」そして「天保の蕎麦」の再建に至るまでのプロセスレポートはすでに書き上げた！
現状のパン屋「バイエルン」の貸借対照表などの書類も用意した
だけど一番の命題「バイエルン」の再建のメドが立たない！
コンサル研究会「チーム・バイエルン」の知名度の高まりもあって
地元では「バイエルン」の自家製パン再開を期待する声も聞かれた
CICI
また「喫茶ラメール」をはじめとして、「ダックス小児科」の往診先の保育園、地元商店などから
再開すればパンを仕入れるとの確約をとりつけてあった

保育園の皆さんが常連客となればそれだけで一日4万円の売上げが見込める…
もちろん机上の空論であることは百も承知だけど
チャ
和美は大手コンサル会社の担当官の山ノ内に電話を入れた
はい、そうです里中ですレポートは今書き上げたところです
これから郵送すれば期日の1日前にお手元に届きます
ですが、少々口頭で補足をしたいところがありまして
そちらにまた伺ってもよろしいでしょうか…
うん！勝負どころだね。

3日後
大手コンサル会社―
なるほど
コンサル研究会
「チーム・バイエルン」
ですか
小児科医院
学習塾
そして居酒屋の
再建はお見事
ですね
はい
ありがとう
ございます
ですが
命題である
パン屋「バイエルン」の
再建が進みませんね
あなたは
ご実家を
立て直したく
ないのですかな
フフ…
いえ
そんなことは…
もちろん
再建策は考えて
あります
パン焼きを
再開したあとの
常連客の確保も
着々と進めています

ただ実行に移していないので補足したいと思って参りました
しかしながらキツイことを申し上げるようですが
本当にお客様の喜ぶ商品を提供できるのでしょうか？
パン焼きの職人さんはいらっしゃるのですか？
はい…父がいます
父上はいまでも焼いていらっしゃいますか？
いえ…
父は母親が死んでから職人としてのやる気をなくしてしまいました
現在は細々とパンを仕入れて販売するだけです

それで安定した売上げ先を確保すれば父もやる気を出してくれると思ったのですが…
なんやかんやとはぐらかしてなかなか首を縦に振ってはくれません
売り先を確保されたのは素晴らしい手腕です
しかしながら商品の味や供給能力に不安が残るまま、製造を再開したとしてもどうでしょうか？
は…はい
ご指摘のとおりです
父親がなんとかやる気を出してパン焼きを再開したとしても
「喫茶ラメール」のマスターが絶賛していたそんなパンが製造できるのか確信が持てない…
結局、この日レポートの再度提出は確約されなかった

この週の日曜
「バイエルン」ーー
ふあ〜ッ
なんと
パン焼き器の前に立つ
徹治の姿があった
ガッ
シャーー
あッ
と…父さん
父さんが
パンを
焼いている!!
ああ…
オーブンに
火を入れる時期だが
少し生地を
焼いてみようと思ってな
ガッ
和美は
驚きとうれしさで
泣きそうになった
父親が
やる気になって
くれたのだ!
無精ひげをきれいに
剃り、きりっとした
若い頃のような職人
の姿がそこにあった
からだ!
タン
タン

ガッ
スーッ…
スーッ…
うーん
香りは悪くないが
膨らみが足りない
味も
酸味がきつすぎて
いまひとつか…
うん…
私もそう思う
冷蔵庫の奥に
しまってあった
自家製酵母菌を
使ってみたが
ぐっ
生地が
どうしても少ししか
膨らまない…
オレの感覚が
久々で
鈍っているのか
酵母が
活性化してない
のか…
タッ

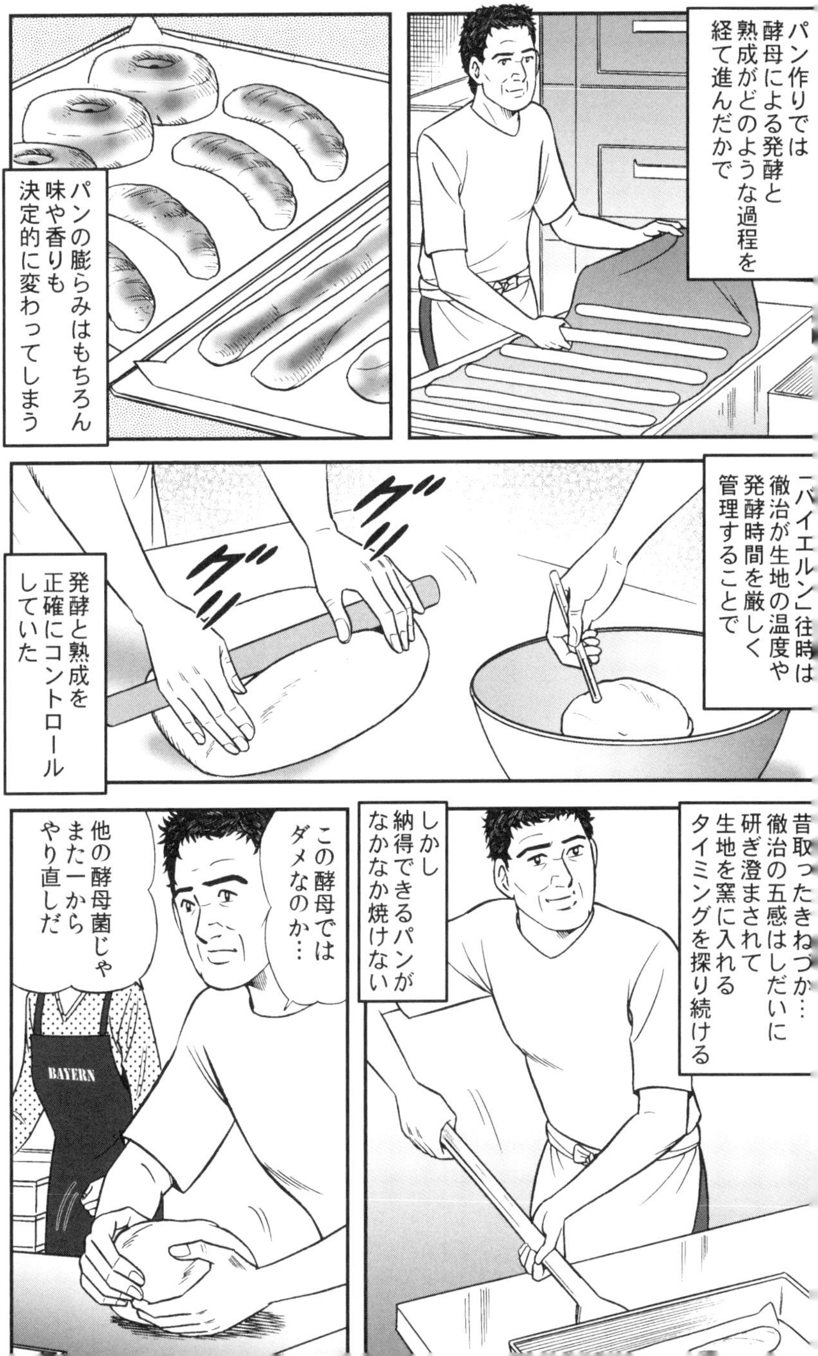
パン作りでは
酵母による発酵と
熟成がどのような過程を
経て進んだかで
パンの膨らみはもちろん
味や香りも
決定的に変わってしまう
「バイエルン」往時は
徹治が生地の温度や
発酵時間を厳しく
管理することで
グッ
グッ
発酵と熟成を
正確にコントロール
していた
昔取ったきねづか…
徹治の五感はしだいに
研ぎ澄まされて
生地を窯に入れる
タイミングを探り続ける
しかし
納得できるパンが
なかなか焼けない
この酵母では
ダメなのか…
他の酵母菌じゃ
また一から
やり直しだ
BAYERN

そうだ
父さん!
宮下のおばちゃんよ
長くパン焼きを
手伝ってくれてた
でしょ
今でも
よく家でパンを
焼くらしいの
家族や職人さんに
振る舞うそうよ
BAYERN
そうか
それなら同じ種の
酵母菌だ!
さっそく連絡すると
宮下の母親は
ドライの酵母を持って
駆けつけた
徹治さん
和美ちゃん!
協力できることが
あれば何でもするからね
言ってちょうだい
息子の
大工仕事も
いろいろ紹介して
いただいて
感謝しているのよ
ありがとう
ございます
頼りにしてます!
いえ、私の方こそ
いつも無理な注文
宮下クンに聞いて
もらってますから

「情けは人のためならず」は
日本のことわざでしたネ。

突然、徹治が酵母を取り出して天井に向かってふりかけた
ザッ
ザッ
えッ父さん何をしているの？
ザッ
ああ…長らくパン作りをしていなかったから部屋に酵母菌を付着させているのさ
菌を付着させる？空気中にはいろんな菌が浮遊しているってことだけど
そういえばテレビの酒造りの番組で天井や壁を掃除してしまうとお酒の味が変わってしまうって杜氏さんが話してたっけ…
それほど環境の菌によっても発酵が左右されるってことか
それから1週間付着した酵母を寝かせたあと
BAYERN
宮下の母親も加わってパン作りが再開された
BAYERN

徹治の厳しいチェックの下、パン作りが続いた
そして5日目ようやく——
うわッ これいいんじゃない!
そうね ふっくらとして美味しいわ!
BAYERN
BAYERN
膨らみ、香り、味 申し分ない!
よしッ! これなら自信を持って店に出せるな
やいやったァ
飛び跳ねたくなった… パンを焼いている父さんはかっこいい! 母さんが惚れるわけだ
BAYERN
いい香り… ベーグル クロワッサン バゲット…
どれもこれもすばらしい! さすが父さん 一流のパン職人だわ
手に取りたくなる「シズル」であふれている!
BAYERN

BAKERY バイエルン
店構えの装いも一新されて新生「バイエルン」は船出となった
BAYERN
パン焼き
BAKERY
BAYERN
待ち望んでいた地元のパン愛好の人々も駆けつけてくれて盛況なスタートを切ることとなった
うれしいわ またバイエルンのパンが食べられるなんて！
すっごい楽しみ！
うわッ ありがとうございます
BAYERN
ガッ
シャー
BAYERN

ほどなくして
大手コンサル会社の
最終面接…
パン屋「バイエルン」の
再建結果レポートは
すでに山ノ内のもとに
郵送していた
実家を
立て直して
みせます!!
あれから命題であった
「バイエルン」の再建も
見事にクリアして
意気揚々と
15階の会議室に向かう

チャ…
お待ちしていました里中さん
どうぞお座りください
人事担当者がなぜか山ノ内から女性役員に変更されていた
では面接結果ですが
はい…
慎重に選考を重ねました結果…
残念ながらご期待に添いかねることとなりました
えッ不採用!!
これは前担当者の山ノ内の判断でもあります
どうか悪しからずご了承ください
そ…そうですか

あ～あ
結構
期待してたのに
なァ…
このりっぱなビルで
母親と同じように
さっそうと仕事している
自分の姿を
思い描いてたのに
ここまで
コンサルの実績を
積み上げてきたのに
残念ね！
残念ではあるが
なぜか気持ちは
さばさばしていた
一度、涙を流せば
それでふっきれた
うん、
もう
大丈夫！
ここまで仲間と
楽しく仕事ができたこと
父親がまた
パンを焼く気になって
くれたことなど
ずいぶん得たものが
多くあったからだ

次の朝
「喫茶ラメール」―
COFFEE
和美ちゃん
あんなに
ガンバったのに
残念だったね
ほら
モーニングセット
これ食って
元気出して！
うわァ
待ってました
もともと
あの会社
高望みだったし
凹《へこ》んでなんか
ないわよ
うん！
うまい!!
「バイエルン」の
ふんわり食パン
だもんな
徹治クン
ひとつ聞きたいん
だけど…
どうしてまた
パンを焼く気に
なったんだい？
そうよ
どうして？
それは…
恋敵だった人に
頭を下げられたん
だよ

和美が口頭で付け加えたいとコンサル会社にレポートを提出した次の日ー
ごぶさたです里中さん
突然「バイエルン」を山ノ内が訪問した
山ノ内さん!
BAYERN
少しお話をさせていただいていいですか?
半年前、あなたはうちの会社に来られて
和美さんのために面接試験を受けさせてくれないかと私に頭を下げられました
今度は私のお願いです
有紀さんが愛されたパンをもう一度焼いてください
そしてバイエルンのパン再開を待ち望んでおられる多くのお客さんのためにも
ぜひパンを焼いていただけないでしょうか

人の縁だね。ホイラーの法則は「人と人のつながり」がベースだよ。

それから彼は
お願いしますと
頭を下げたんだ
ええ～ッ
何ッ、恋敵って
山ノ内さんだったの!?
それに
父さんが面接を
頼んでいたなんて
聞いてないし!
あ…いやァ
オレにできることは
それぐらいだから…
全然
知らなかった…
父さんが
そんなことして
くれてたなんて…
うむ…
その山ノ内と
いう人も
たいした人だな
徹治クンの
気持ちを
動かすなんて
そうよ
私がキャンキャン
吠えても
父さんの気持ちを
動かせなかったのに
ホイラーの最後の公式
「吠え声に気をつけよ」
熱くなりすぎるのも禁物
ってことね
山ノ内さんのように
優しく
控えめに、か…

その山ノ内さんだが今は体を壊して入院しているとのことだ
昨日、手紙が届いたオレと和美に会いたいとも書いてあった
えッ入院…
それで担当者が交替してたんだ…
でも何かなァ会いたいって!?
不採用をあやまりたいのかな…
さあ何だろう…
「バイエルン」の定休日の月曜—
山ノ内の病室を訪ねた
わざわざこんな所へお越しいただいて恐縮です

これまでの不摂生がたたって
しばらく身体を休ませなくてはいけなくなりました
そうですかどうぞお大事にしてください
ではこれを…
この書類をどうしても私から渡したいと会社に頼んで、用意してもらいました
受けとってくださいますか和美さん
えッこれは…契約書!!
わ、わたし不採用じゃなかったのですか!?
そうです
ただし1人の仕事としてではなく仲間と構築した働きだと評価しました

よって、わが社はあなた個人を採用するのではなく
パートナーとして共にコンサルタントの仕事をしてもらいたいと思っていますコンサル研究会「チーム・バイエルン」とです
うわァパートナーだなんて
みんな聞いたら喜ぶだろうな！
これまでの数々のお店をチームワークで再建させたコンサルタントの手腕はお見事です
ご実家の「バイエルン」も好調な業績をあげていらっしゃるとのこと申し分のない立て直しでした
和美さんぜひわが社のパートナーとしてその手腕を発揮していただけないでしょうか
は、はいッもちろん喜んで！

こうして和美は大手企業のパートナーとして迎い入れられ連戦連敗の就職活動にもピリオドが打たれることになった
一冊の古本との出合いが、知恵を与え実を結ばせたエルマー・ホイラー著『ホイラーの法則』―
この私の本の中には営業マン、販売員、広告業や就職活動中の人たち…「売り込むべき何か」を持つあらゆるビジネスマンに必須のスキルが詰め込まれています
今いちど「ホイラーの5つの法則」を唱えてみてください
第1条：ステーキを売るな、シズルを売れ
第2条：手紙を書くな、電報を打て
第3条：花を添えて言え
第4条：もしもと聞くな、どちらと聞け
第5条：吠え声に気をつけよ
きっとお客様をひきつけるそんなシンプルなセールステクニックが見えてくるはずですよ！

COFFEE ラメール
営業中
うん…好きな本を片手に
美味しいコーヒーを飲むサイコーの時間ね
ホイラーの法則
ハハ…和美ちゃん仕事が決まって上機嫌だね
何の本だい？
マスターからもらった「ホイラーの法則」もう何回読んだかな読むたびにヒントがもらえる
フフ…やっぱり親子だ！感性が似てるのかなァ…
実はだまってたが…
徹治クンも、若い時接客が苦手だからって、手引きに愛読してたんだよ！
あはッ!!
何よそれッ…この古本って父さんの!!

大手コンサル会社のパートナーとなった「チーム・バイエルン」の面々…
きっと停滞している日本企業を元気よく再建させてくれるに違いない!
『ホイラーの法則』を知恵として!!

解説（二）ホイラーの法則とはデザインである

エルマー・ホイラー氏の販売ノウハウは第一次世界大戦後の世界恐慌により購買意欲が失われたアメリカで産声を上げました。供給が需要を上回り、投資は控えられ、デフレにより物が売れない時代です。

ホイラーの法則を一言で表すなら、〝デザイン〟です。

第1段階は商品の真の魅力である「シズル」を的確に表現したキャッチコピーの創造です。研ぎ澄まされていながら、当たり前の言葉でなければなりません。鋭くデザインされたキャッチコピーは、寝ぼけまなこの消費者の心を射抜き、注意を引き、販売増加に結びつけます。大切なのは、独善的にならないこと。お客の立場に立ち、客観的に商品を眺めなければなりません。ホイラーの法則第1条と2条です。

第2段階ではキャッチコピーを裏付けるバックヤードをデザインします。

商売を長く続けるには常連客を増やすこと。クルマメーカーであっても飲食店であっても基本は同じです。考え抜かれた口上により目の前のお客を納得させても、最終的に「なんだ、この商品は！」になると信用は失われます。だからこそ、製造部門に修理部門、そして配送部門、はたまたクレーム部門などを効率よくデザインしなければなりません。ホイラーの法則第3条です。

第3段階は商品告知の手順とクロージングまでのステップをデザインします。

キャッチコピーとバックヤードが完璧であったとしても、お客に周知されなければ、販売増加は見込めません。TVCMや新聞広告、そしてチラシやパンフレットをデザインし、水が染み渡るようにお客の心に自然に商品を定着させる必要があります。クロージングまでのステップも大切です。売りつけられたと思えば、お客の心は静かに閉まり、振り向いてもらえなくなるからです。ホイラーの法則第4条と5条です。

商品を売ろうと悩み、キャッチコピーやバックヤード、そして商品告知の手順とクロージングまでの手段を〝デザイン〟することこそ、ホイラーの法則です。

世界を席捲するiPhoneはデザイン力を最大限に生かした商品です。アップル社はアイコンをデザインし、配置を考え抜き、タッチセンサーを駆使し、携帯電話市場を席捲しました。解説書を読まなくても、直感で操作できるようにしたのは、人間の不変的行動心理学を研究しつくした成果と言っても過言ではありません。

機能に明らかな差がない限り、デザイン力が商品の趨勢を決めることに気づいたのはエルマー・ホイラー氏が初めてではないでしょうか。だからこそ、約80年前に上梓された〝Tested Semtemce that Sell〟は今も読み継がれているのです。

販売は経済の基礎、そして私たちの生活を豊かにする礎です。

ホイラーの法則を皆さんの生活に生かすのは〝いつ〟になさいますか？

今日でしょうか、それとも明日？　いずれにしても、活用した瞬間から、よりよき未来が訪れることでしょう。

解説（二）ホイラー5つの法則

使う前と使った後で、どれだけ「楽に」、「便利に」、「楽しく」なるのか。これを端的に、劇的に、自然に提示できれば、人はその商品を欲しくなる。ホイラー5つの法則は、商品販売やビジネスの発展を保証する体系化された法則です。

法則第1条　「ステーキを売るな、シズルを売れ」

商品アピールで重要なポイントは、「構造」や「作り」、そして「値段」ではなく「買いたくなる理由」を探り出すことです。牛肉は、ステーキやすき焼きの材料として購入されます。鰻は鰻そのものではなく、蒲焼の匂いでお客の財布のひもをゆるめます。

商品を購入すると、どんな「いい事」があるのか。お客がすぐに想像できる「蒲焼の匂い」を突き止めなければなりません。

「シズル」とは商品の最大のセールスポイント、言い換えるなら買いたくなる主要な理由です。　☆シズル　ステーキなどの食べ物がジュージューと焼ける音

法則第2条　「手紙を書くな、電報を打て！」

できるだけ少ないフレーズで、10秒以内に注意を惹きつけることが大切です。

キャッチコピーは、お客のハートに瞬時に突き刺さらなければ意味がありません。なぜなら情報過多の現在、薄ぼんやりとしたキャッチコピーは埋没するからです。長々と説明するのではなく、10秒で言える短いフレーズにシズルを凝縮するのです。

法則第3条　「花を添えて言え！」

花を添えてとは、「自分の言うことに証拠を添えろ」という意味です。お客に見せ、触らせ、掴ませ、吸わせ、場合によっては嗅がせたり、味わせたりすると、より効果的です。自らの主張を補強するための根拠を示すことも、第3条に含まれます。シズルを短いフレーズに凝縮し、さらに動作や表情で補強すると威力が増します。「お誕生日おめでとう」という場合も花束を添えれば、気持ちがより伝わります。

法則第4条　「もしもと聞くな、どちらと聞け！」

お客に対して「買うか買わないか」と迫るべきではありません。大切なのは「どちら」と選択させることです。「どちら？」と聞かれると、そのどれかを選ぼうとし、「買わない」アクションは排除されます。求める答えを引き出す誘導トークのコツを身につけてください。「これ」と「あれ」のどちらかを選ばせることこそ重要なのです。

法則第5条　「吠え声に気をつけよ！」

一本調子になりがちな話し方に変化をつけるだけで、興味深く伝えることができます。ですから声の強弱、そして音域をすべて使用し、セールスポイントを強調するコツを身につけるのです。抑揚、強調点、時には低く、時には高く、ゆっくりと、あるいは劇的に早く声のテンポを変えることにより、お客は話し手の世界に引き込まれます。ホイラーの法則を全面的に取り入れているのは広告業界です。テレビCMは基本15秒スポット。映像と音を駆使し、短い時間の中で商品のシズルを効果的に告知しています。

解説（三）ユー能力・XYZの法則・AとBのルール

「ユー能力」商品説明を聞いている時、見込み客は「それは私にどう役に立つのだろうか？」という大きな疑問を抱いています。全身全霊、常にこの重要な難問に答えるべく努力してください。そして、同時に見込み客の心の内に、あなたの商品に対する欲求をかき立てなければなりません。なぜなら、この欲求が起こらない限り、あなたのセールスはあり得ないからです。

さて、あなたがあなたの商品のために見つけ出した「シズル」は、すべて素晴らしいものとしましょう。しかし覚えておいてください。選び出した「シズル」は、あなたにとって等しく重要かもしれませんが、見込み客にとっては重要さが違うことを。もし、「ユー（YOU）能力」が欠けていると、あなたが選び出した「シズル」をそれぞれの見込み客にぴったりと適合させることは不可能です。

「ユー」能力とは垣根のあちら側に立つ能力、「ユー」すなわち「あなた」の側に自分を置く能力です。言い換えるならば、人の目には見えない「シズルのめがね」をかけて、お客の目を通して自分の商品を精査する能力です。また別の言葉で言えば、「ユー能力」とは「わたし」のかわりに「あなた」という能力であり、「シズル」をお客が重要だと思う順番に並べる能力です。「ユー」は「アイ（I）」よりも重要です。

XYZの法則：XYZの法則とは人間の3つの基本的購買動機です。

「X―自己保存の基本的購買動機」

私たちは、まず自分自身が食べること、着ること、身を守ることを考えます。自己保存本能は根源的な本能であり、自己保存に必要な商品の購買動機は強力です。

「Y―ロマンスの基本的購買動機」

食べる、着る、身を守る、の欲望が満たされると、娯楽やレジャーそしてロマンスに向けられます。ロマンスに対する欲望にはセックスの欲望だけでなく、冒険、旅行などといった欲望も含まれます。これは、私達の2番目に強力な基本的購買動機です。

「Z―金銭の基本的購買動機」

私達はお金で安心を買うことができることを知っています。充分なお金があれば、食べ物だろうと、衣服だろうと、身の安全だろうと、ロマンスでさえ、いつでも欲しい時に意のままに手に入れることができることを知っています。金銭は私たちの3番目に強力な基本的購買動機です。

「AとBのルール」：最初に利益である「A」を伝え、すかさず立証の根拠である「B」を提示するアクションです。利益を並べ立てるばかりでは、不安と不審を抱きます。試食は「おいしいですよ。おひとつどうぞ」で完了します。

基本的購買動機であるXYZの法則を念頭に「ユー能力」でお客様の立場に立ち、商品やビジネスの真の「シズル」を探り当ててください。さらに、お客の利益である「シズル」を立証するAとBのルールに従うトークやビジネスモデルを実現するのです。そうすれば、お客の心を大きく引き寄せることが可能となります。

解説（四）ホイラーの法則第2条

名探偵シャーロック・ホームズ氏は数々の名言を残しています。その中の一つに、「人間というものは、個人個人は不可解な謎かもしれないが、全体としてみると、数学的な正確さで予知できるものである」というのがあります。

この名言を販売の世界に置き換えれば、「あるキャッチコピーに対して、誰か特定の個人がどう反応するかは予言できないものの、大多数の人がどう反応するかは、数学的な正確さに基づき予見できる」となります。

つまり、「大多数の人に買わせる言葉がある」わけです。

その昔、洗濯バサミの取っ手は丸型でした。そこへ少し値段の高い今と同じ角型の洗濯バサミを開発したものの、思うように売れません。角型の洗濯バサミには数々の「シズル」があるにもかかわらず、です。例をあげると、①濡れた手から落ちにくい、②たくさん持てる、③柔らかな布も傷つかない、④しっかり止められる……。ただ、これまでの商品よりも値段が高く、売れないのでした。

依頼を受けたホイラー氏は「シズルのめがね」をかけ、ライバルである丸い洗濯バサミと角型の洗濯バサミを調べ、鋭いキャッチコピーを創造しました。

それは、「転がりません」です。

丸い洗濯バサミはころころと転がり、暖炉の下やテーブルの下に潜り込んでいたのです。一方の角型の洗濯バサミは落ちてもじっとしたまま。この、わずか7つの音のキャッチコピーは的確に消費者の心を射抜き、売上げは激増！　角型の洗濯バサミは丸型の洗濯バサミを駆逐し、世界を征服しました。

ホイラー氏は、その後も幾多のキャッチコピーを創造し、販売に貢献し続けました。

○髭そりクリームの販売では、「髭そりの時間を半分にいたします」

○インディアンの革靴の販売では、「本物のインディアンの革靴です」

○高級靴墨の販売では「こすっても落ちません」

○マジックテープ仕様の子供用シャツの販売では「お子さんが自分で着られます」

○改良型オムツの販売では「安全ピンを使わずに使用できます」

言われてみれば、なんとも変哲のない短い言葉の数々です。ただ、人々の琴線に触れたキャッチコピーを正しく用いれば、多数の心を掴み、購買行動に結びつけます。と、同時にキャッチコピーは短くなければなりません。なぜなら普段の消費者の心は、あれを考えたり、これを考えたり、目はあれを見たり、これを見たり。――いわば空想の世界にいるからです。こんな時、「保証付きのキャッチコピー」が飛び込んでくると、脳天を貫き正気に戻り、意識して商品を判断しようとします。

あなたの扱っている商品、もしくはビジネスを表現する販売用語を総点検してください。冗長ではないでしょうか。独善的でお客目線を失っていないでしょうか。お客はあなたの商品やビジネスに関心はなく、空想の世界にいます。そんなお客を「叩き起こす」目覚まし時計のベルのようなキャッチコピーを創造するのです。

解説 （五） ホイラーの法則第3条

「シズル」を打ち込み、見込み客の寝ぼけまなこを覚まさせたら、あなたは、あなたの言うことを相手の心――血液――身体に染み込ませる約3分という短い時間を手にします。ただし、油断禁物。「花を添えて」、自分の言うことに証拠を添えてアピールしなければ、見込み客の関心を維持できません。証拠は大別して、①動作や表情　②ショウマンシップ　③保証付きの言葉やテクニックの3つです。

①動作や表情：言葉に動作を添えることこそ、セールスに結びつける第3の鍵です。自由な両手を休ませるべきではありません。手をたたき、手をこすり、手を動かし、手を開き、手を閉じる。あなたが動けば、お客も動きます。表情も大切です。しかめっ面をしたセールスマンから買うお客はいません。自信に満ちあふれた微笑こそ、お客様を安心させ、信頼感を植えつけます。

一方、のろのろと動いたり、注意散漫なアクションは厳禁です。よれよれのスーツや汚い爪はもってのほか。お客はあなたの全体の印象から商品を判断するからです。

②ショーマンシップ：見せ、触らせ、掴ませ、吸わせ、場合によっては嗅がせたり、味わわせたり、デモンストレーションの手伝いをさせるなど、お客の猿真似効果を最大限に利用するべきです。デモンストレーションの一例は以下の通りです。

○プディングの美味しさを立証するには、百の言葉よりも食べさせてみる
○軽いワイシャツをアピールするには、既存製品と比較してもらう
○ワイシャツのボタンの取れにくさをアピールするには、引っ張ってもらう
○リフォーム工事の仕上がりのよさを立証するには改装写真集を見てもらう
○クルマを販売するには、ドライブに誘う

人は体験すれば決断しやすくなります。

③保証付きの言葉やテクニック：ある日、ホイラー氏はフィラデルフィア行きの列車に急いでいました。待合室を横切っていると、ふいにポーターの声を耳にしました。

「大急ぎで、これからすぐお供いたします」

ホイラー氏は躊躇なく「頼むよ」と口にし、目指す列車に乗車。一息入れた氏は、にこにこしたポーターは間違いのない「保証付きの言葉とテクニック」を用いたということに気づきました。もしも彼が「お荷物をお持ちしましょうか？」と尋ねてきたとしたら、即座に「ノー」と返答したはずです。なぜなら荷物は大きくなく、目指すホームはわかっていたからです。ところが経験豊富なポーターは、「頼むよ」と言いやすくする最上の言葉と態度を用いたのです。

その他にも、保証付きの言葉の事例として、断熱材の販売があります。断熱材のセールスマンは見込み客に屋根の雪が溶けた未改修の家と溶けていない断熱材改修済みの屋根を見せ、こう話しています。

「未改修の家は屋根の雪を溶かすために暖房をしています。もったいない話です」

暗示しているのは、どれだけの費用ではなく、どれだけ節約になるかです。

解説 (六) ホイラーの法則第4条

商品への「シズル」を的確に打ち込み、欲望をかき立てた後に待つのは、クロージングです。注意すべきは、絶叫型のセールスマンになってはならないこと。「絶対確実です」「私は間違っていないと信じます」「あなたは……すべきです」こんな絶叫型トークは頭の中から捨て去りなさい。だからと言って、「もしも、お買い下さるなら」と言った途端、「ノー」の返事を耳にすることでしょう。

ニューヨークの不動産仲介人の草分けであるジョセフ・P・ディは鉄鋼大手企業のエルバート・ギャレーと新しいビルについて議論していました。ギャレーは手狭になったので引越しを模索し、ジョセフは引きとめようとしています。

「君がはじめてニューヨークにやってきた時、君の事務所はどこにあった？」

「なぜだい、このビルの中じゃないか」

ギャレーは不思議そうに答えました。ジョセフは少し間を置いて再び尋ねました。

「鉄鋼会社が設立されたのは、どこだったか考えてごらんよ」

ジョセフはこの簡単な2つの「売り言葉」をギャレーの心に刻みつけたのです。たちまちそれがギャレーの心の中にぐっときました。そしてギャレーはこう叫びました。

「我々はここで生まれ、そしてここで育った。ここここそ、我々が居る場所なんだ」

もしも、「君の会社はここで企画され、ここで設立した。ここにいるべきだ」と頭ごなしに絶叫したとしたら、どうなったことか。答えを聞くまでもありません。

人は誰しも自分で判断したいのです。自ら判断したかのごとく、売り手の求める結果に導く「なぜ？」を含む、疑問形の誘導トークこそ、磨きこむべきテクニックです。

例えば、新型掃除機のデモンストレーションでお客の欲望に火をつけたとします。

見込み客「もっと考えてみたいわ」

セールスマン「なぜですか？」

見込み客「ええ、あの……、なんとなく」

疑問形で尋ねると、「ノー」ではない、別の答えを用意しなければなりません。「なぜ」の法則を使うことにより、見込み客の反対論を徐々にさらけ出してください。決断しない理由を見つけ出したなら、「保証付きのテクニック」でさばけばいいのです。

セールスマン「それがお求めにならない唯一の理由でしょうか？」

見込み客「そうですわ、これが唯一の理由よ」

見込み客が自らそう言うのです！　つまり反対の理由は1つしかありません。これに答えれば勝利をたぐりよせられます。

得体の知れない反対の「お化け」を誘導トークで白日のもとにおびき出し、事前に練った「保証付きの売り言葉」により影法師のように消えてなくなるのを見守るのです。

時期到来と思えば、すかさずホイラーの法則第4条を用いて、質問してください。

もしもと聞かず、どちらと聞くのです。
いつ、どこで、どうして、と聞くのです。

解説（七）ホイラーの法則第5条

10秒で話せるように要約された素晴らしい「シズル」を準備し、さらにそれを保証する大きな花束とたくさんの「どちら」、「いつ」、「どこで」、「どうして」で飾っても、話す声が単調で活気がないとしたら、台なしです。

「微笑を含んだ声」で話すのです。しかし、その微笑はおとぎ話に出てくる狼のような不誠実なものであってはなりません。嘲りのような笑顔では逆効果。荒々しく見えたり、意気消沈しているように見えたり、疲れているように見えたり、自信過剰に見えたとしたら、あなたは見込み客に気をつけろという信号を送っているようなものです。

それから、立て板に水の如く、話しすぎてはなりません。人は誰しも話を聞いてもらいたいもの。特に高額の商品を購入するお客は不安だから、「買いたい」と思っても、身内への言い訳を準備したいのです。

身体を乗り出し、適当な時にうなずき、微笑んだりしながら、熱心に「気を入れて聞く」姿勢を身につけてください。お客の会話はゴールへのルートマップ、何に興味を持ち、何に不安や不満を抱くのか、情報の宝庫です。
生命保険のセールスマンは「死んでお金を持ってゆけるものではない」との反対論に、よく出くわします。こんな時に有効な誘導トークは、
「問題は、あなたがお金を持ってゆけるかどうかではなく、お亡くなりになった後で奥様とお子さんがどう暮らしをお立てになるかですよ。そうじゃありませんか？」
工夫を凝らせば、こんな誘導トークも成立します。
第一弾の質問は「あなたに万が一のことがありました場合、お子さんたちに何を一番残しておきたいとお考えですか？」十中八九、返答は「たくさんのお金」です。そこで、「それはいけません。最悪のものです。そんなことをなされば、お子さんを堕落させてしまいます。お子さんに最も残しておきたいのは、お母様の十分な時間です。家計の問題などに悩まされることなく、お子さんをあなたのご期待通りの立派な人に育ててあげることができる十分な時間でございます」
「吠え声」に気をつけて話せば、効果てきめんです。
それから、どんなにいい言葉を用いても、どんなに良いテクニックを使っても、どんなにいい声で話しても、もし売っているものを不注意に扱ったり、扱い損じたりしたら、すべては台なしです。手の動かし方にも注意を怠らず、鍛錬するのです。たとえ安い真珠のネックレスでも百万ドルの品物であるかのように取り扱ってください。

また、商品に不安を抱いていたり、売り急ぐ態度を見せると、見込み客の欲望は急速に低下します。分譲地であれば、その物件に興味のある競争相手がいることを提示し、沈火しかけた欲望に燃料を投下すべきです。逃げようとする獲物を追いかけたくなるのは本能です。

セールスで訴えたいことよりも、見込み客が聞きたいと思うことの方をより多く考え、実行してください。――そうすれば、あなたが受け取る成果は想像以上のものになることでしょう。

解説（八）損益計算書・貸借対照表・キャッシュフロー表

①損益計算書や貸借対照表そして、キャッシュフロー表があるのは、なぜ？

企業や団体の改善計画を立案するには、現状を分析しなければなりません。現状がどのような状況であるのか把握しなければ、改善計画の処方箋は作成できません。お医者さまが治療の最初に患者の体温や脈拍そして血圧を測ることと同様です。

営利企業の分析には（イ）利益の状況を示す「損益計算書」、（ロ）資産と負債の状況を示す「貸借対照表」、そして現金の状況を示す「キャッシュフロー表」、以上三つの指表が使用されます。赤字企業でありながら倒産しないのは、資産を売却して現金化、もしくは信用や資産を担保に運転資金を借り入れているからです。また、黒字企業であっても倒産するのは、現金化する資産がないか運転資金を借り入れられないから。黒字は損益計算書上のことであり、現金が不足すると企業の命運は尽きます。このように、現金の流れが企業経営に欠くべからず指標であることから、キャッシュフロー表は特に重要視されるようになりました。

②人と企業の関係

人も企業と同様、現金が枯渇すると自己破産が待っています。身内や知人からお金を調達できるのは借り入れる人の信用があるからです。しかしながら、返済を滞らせると信用されなくなり、運転資金が枯渇してしまうのは営利企業と同様です。財務諸表を他人事と思ってはなりません。自らの収入と支出は損益計算書、資産と借金の関係は貸借対照表、そして現金の流れはキャッシュフロー表で把握できます。

人と企業の関係で似ているのは、どちらも変化する宿命を背負っているということ。企業は新製品や新たなサービスを開発し、人は言葉を覚え学校で知識を蓄え成人となります。そこで必要な経済行為は投資です。すぐに利益に直結することではありませんが、新たな投資をしなければ、ジリ貧になるのは両者とも同じ。変化し成長を続けるからこそ、同様の位置を維持できるのです。

③粉飾ではなく、根本的な改善を

不埒な営利企業の中には財務諸表を重視する金融機関の逆手を取り、自らの財務諸表を粉飾し、融資を受けようとします。金融機関の目を誤魔化せたとしても、その行為は犯罪であり、継続し発展できるはずはありません。

企業を成長させるためには根本的な改善を図らなければなりません。

社会のニーズを何らかの形で満たしているからこそ、企業は生まれその存在を許されています。一方、社会は緩やかな大河のように変化しています。時には淀み、時には荒々しくその姿を変えます。企業も人も、変化を拒むと取り残され、流れの中に沈んでしまいます。

ホイラーの法則は停滞しがちな私達を勇気付けます。自らの商品やご自身をホイラーの法則で分析すれば、どこを改善すべきなのか明らかにしてくれます。そして、健全な財務諸表でアピールすれば、投資資金を金融機関や市場から調達できるのです。

解説（九）本書とホイラーの法則

『ホイラーの法則』はコンサルの実例を解説しながら、販売法則を解説した営業教育書です。著者であるエルマー・ホイラー氏が指導したのは１９３０年代のアメリカであり、現在は２０１４年と、およそ80年の違いがあります。本書はホイラーの法則に基づいたビジネスストーリーです。

①就職活動

帝国美術大学商業デザイン科3年生里中和美の就職活動です。二科展やデザイン賞の受賞経歴はありません。頭に詰め込んでいるのは、面接テクニックの数々。やる気は空回りしています。

ホイラー氏であれば、何から改善を指導するのでしょうか。

②喫茶店

神保町の裏通りにある喫茶「ラメール」です。マスターはこの道一本。店舗の内装は古臭く、大手コーヒーチェーンに押され気味です。常連客はそこそこ通ってきてくれるものの、売上げは右肩下がり。孫に渡すお小遣いに負担を感じています。大きな支出をともなう店舗改装はできないし、新たな人を雇う余裕もありません。何を改善すれば良いのでしょうか。

③小児科

血を見るのが嫌、人が死ぬことに負担を感じ、実家の小児科に戻った若手医師です。臆病で人付き合いの悪い彼は実家の父親とも折り合いが悪く、父親は閉鎖を検討しています。そして山間部や離島、どこでもいいから働き口を探せと言われる始末です。さて、現状を打破し実家で医師を続けるには何から始めるといいのでしょうか。

④学習塾

中途半端な学習塾の御曹司です。寡占化と通信教育やネット塾に押され、少子化が決定打となり、経営が傾いています。講師は有名私立大学の学生をアルバイトで雇用しており、塾経営に熱心な人物は見当たりません。信用金庫への返済に四苦八苦する状況であり、新たな投資は困難な状況です。今閉鎖するのであれば、なんとか借入を清算できます。進むべきか退くべきか、日々悩んでいます。さて、どうするべき?

⑤居酒屋

大手居酒屋チェーンに押され、常連客が減少し、新たなお客を呼び込めません。味には自信のあるご主人は腕を振るう場所がなく腐りがちです。金もない、意欲をなくしがちのご主人にかける言葉はあるのでしょうか。

⑥パン屋

連れ合いを亡くし、パン作りに意欲をなくしています。立地のよさから大手パンメーカーの商品を卸してもらい、賃貸ビルからあがる家賃で生活しています。生活苦から無縁の状況であり、改善の必要性を感じていません。過去や思い出に生き、現状を直視していない主人公の父親を揺さぶる言葉とはどんなものでしょう。

〈原案〉エルマー・ホイラー
営業講師・コンサルタント。1903年生まれ。新聞の広告営業を経て、ホイラーワードラボラトリーを設立、10万5000にもおよぶセールス文句を分析し、1900万人に検証した結果、いわゆる「ホイラーの5つの法則」を発見。メイシーズなどの大手百貨店、ホテルチェーン、石油会社、クリーニングチェーン、バイオリニストなど多岐にわたる売上向上に貢献。1968年死去。

〈脚色〉藤山勇司（ふじやま・ゆうじ）
作家・大家。1963年広島県呉市生まれ。呉宮原高校から愛媛大学を卒業し、大倉商事に入社。1998年8月、東証一部上場の同社がまさかの自己破産。当然のように無職となり、大家の道に転進。2003年、『サラリーマンでも大家さんになれる46の秘訣』（実業之日本社）を上梓し、元祖サラリーマン大家さんとしてTVなどさまざまなメディアで活躍。現在、10棟のアパートなど100室を所有、家賃総額は4200万円を超えている。

〈作画〉麻生はじめ（あそう・はじめ）
漫画家・イラストレーター。奈良県生まれ、同志社大学卒。2000年から日本工学院専門学校（東京大田区）のマンガ・アニメーション科の非常勤講師を勤める。これまで歴史・ビジネス・人物伝などのコミック単行本を多数描きおろす。主な著作に、『コミック湯川秀樹・朝永振一郎』（丸善）、『まんがで学習 日本の歴史』（成美堂出版）、『マンガ投資の心理学』共著：青木俊郎（パンローリング）など。

まんがでわかるホイラーの法則

2014年5月18日　　1刷発行

原　案　エルマー・ホイラー
脚　色　藤山勇司
作　画　麻生はじめ
発行者　唐津 隆
発行所　株式会社ビジネス社
〒162-0805　東京都新宿区矢来町114番地 神楽坂高橋ビル5F
電話　03(5227)1602　FAX　03(5227)1603
http://www.business-sha.co.jp

〈印刷・製本〉中央精版印刷株式会社
〈装丁・本文DTP〉茂呂田剛（エムアンドケイ）
〈編集担当〉本田朋子　〈営業担当〉山口健志

ISBN978-4-8284-1751-6